华东政法大学研究生系列规划教材

华东政法大学
教材建设和管理委员会

主　　任	郭为禄　叶　青
副主任	罗培新　韩　强
部门委员	虞潇浩　杨忠孝　洪冬英
	屈文生　陆宇峰
专家委员	王　迁　孙万怀　钱玉林
	任　勇　余素青　杜素娟

非文学翻译实践教程

伍巧芳 ◎ 主编
孙思蕊 黄培怡 叶紫 ◎ 参编

图书在版编目(CIP)数据

非文学翻译实践教程 / 伍巧芳主编. —北京：北京大学出版社, 2024.5
ISBN 978-7-301-34946-5

Ⅰ. ①非… Ⅱ. ①伍… Ⅲ. ①英语—翻译—研究生—教材 Ⅳ. ①H315.9

中国国家版本馆CIP数据核字(2024)第062737号

书　　　名	非文学翻译实践教程 FEI WENXUE FANYI SHIJIAN JIAOCHENG
著作责任者	伍巧芳　主编
责 任 编 辑	张苗凤
标 准 书 号	ISBN 978-7-301-34946-5
出 版 发 行	北京大学出版社
地　　　址	北京市海淀区成府路205号　100871
网　　　址	http://www.pup.cn　新浪微博：@北京大学出版社
电 子 邮 箱	zpup@pup.cn
电　　　话	邮购部 010-62752015　发行部 010-62750672　编辑部 021-62071998
印 刷 者	天津和萱印刷有限公司
经 销 者	新华书店
	730毫米×980毫米　16开本　15.25印张　282千字 2024年5月第1版　2024年5月第1次印刷
定　　　价	58.00元

未经许可，不得以任何方式复制或抄袭本书之部分或全部内容。
版权所有，侵权必究
举报电话：010-62752024　电子邮箱：fd@pup.cn
图书如有印装质量问题，请与出版部联系，电话：010-62756370

春华秋实结硕果 奋进征程启新篇

——华东政法大学研究生系列规划教材总序

中国特色社会主义进入新时代,在迈向建设社会主义现代化国家的新征程上,党和国家事业发展迫切需要培养造就大批德才兼备的高层次人才。习近平总书记强调,研究生教育在培养创新人才、提高创新能力、服务经济社会发展、推进国家治理体系和治理能力现代化方面具有重要作用。为全面贯彻落实全国教育大会、全国研究生教育会议精神,切实提升研究生教育支撑引领经济社会发展能力,加快新时代研究生教育改革发展势在必行。为此,亟需优化研究生课程体系,加强研究生教材建设,创新研究生教学方式,突出研究生的创新意识和创新能力培养,切实提升研究生人才培养质量。

春华秋实结硕果,华东政法大学喜迎七十华诞,经过70年的建设和发展,华政已由一所不足1000人的单一学科院校成长为一所以法学学科为主,兼有经济学、管理学、文学、工学等学科的办学特色鲜明的多科性的高水平地方大学,被誉为"法学教育的东方明珠"。华政研究生教育也已走过40年的非凡历程,回首过往,教授们在课堂上传播知识、分享见解,他们的讲义、讲稿都是浓缩的精神财富,弥足珍贵。教材是教师思想智慧和研究成果的结晶,是传播知识和传递价值的重要载体,是师生学习和交流的重要工具,在教学中具有教育引领和立德树人的重要作用。为贯彻落实上海市人民政府《关于本市统筹推进一流大学和一流学科建设实施意见》(沪府发〔2018〕7号)、上海市教育委员会《上海高等学校创新人才培养机制 发展一流研究生教育试行方案》(沪教委高〔2018〕75号)和我校"十三五"发展规划纲要,深入推进研究生教育质量保障体系建设和专业学位综合改革,提升我校研究生培养质量,我校于2019年开始实施地方高水平大学和一流研究生教育引领计划系列项目建设,包括对10个研究生教材建设项目进行资助,自此有序迈开我校研究生教材建设的步伐。

根据《教育部 国家发展改革委 财政部关于加快新时代研究生教育改革发展的意见》(教研〔2020〕9号)、《上海市教育委员会 上海市发展和改革委员会 上海市财政局关于加快新时代上海市研究生教育高质量发展的实施意见》（沪教委高〔2021〕42号）等文件精神，我校紧密结合经济社会发展需要，根据学科和人才培养特色，规范研究生核心课程设置，开好学科基础课程、核心课程和前沿课程，制定交叉学科专门的课程体系，着力打造我校研究生精品示范课程。为更好地提供课程配套教材，提升课程教学质量，推动优质资源共享，我校组织开展了研究生系列规划教材建设工作，主要包含以下几个方面：

一是建设习近平法治思想专项研究生教材。为深入学习贯彻习近平法治思想，推进习近平法治思想"三进"工作，把习近平法治思想有效融入课程思政建设，立项资助习近平法治思想专项教材，要求充分体现习近平关于全面依法治国、建设法治强国等方面的新理念、新思想和新战略。**二是建设研究生专业基础课和专业核心课教材。**面向我校法学学科以及其他特色优势学科的研究生专业基础课和专业核心课，建设一批专业课教材，夯实学科基础。要求体现本学科专业优势和特色，在内容和体系上有明显特色和创新，及时吸纳最新科研和教研成果。**三是建设研究生交叉学科教材。**为加强我校交叉学科、新兴学科建设，激发学校创新活力，提升学科竞争力，建设一批高质量的法学与其他学科交叉教材，体现我校特色和优势，为国家法治建设作出新的贡献。**四是建设专业学位研究生实务教材。**为保证我校专业学位研究生复合型、应用型人才培养目标的实现，提高专业学位研究生课程教学的实效性，建设一批高质量的实务教材，编写的案例应以培养学生实践能力和职业技能为导向，要符合应用性、典型性、客观性、创新性要求。

我校研究生系列规划教材建设具有鲜明的特色和优势，我认为主要体现在以下几点：

第一，立德树人，坚持政治和学术标准统一。我校研究生教材建设立足为党育人、为国育才的使命，坚持立德树人，坚持思想政治教育和科学教育并重，要求政治标准和学术标准相统一。大力加强研究生课程思政建设，坚持习近平新时代中国特色社会主义思想和社会主义核心价值观进教材、进课堂、进头脑，把研究生课程教材质量作为学校学位点合格评估、学科发展水平、教师绩效考核和人才培养质量评价的重要内容和重要大事来谋划和落实，力求站位高、标准严、评审细、成效好。

第二，专家领衔，确保研究生教材质量有保障。我校研究生教材建设提倡组建团队集体编写，在此基础上进一步打造一支较为稳定的研究生课程教学团队。学校立项资助的研究生教材主编基本上都是各个学科领域的优秀知名专家，具有丰富的经验，已编写出版过高质量的教材，且对本领域的重点和前沿问题发表有很高质量的研究成果。编写的研究生教材内容能够充分反映各学科的最新研究成果，在国内同类教材中具有鲜明的特色或具有先进性。学校组织校内外同行专家进行教材书稿评审验收，以严格的过程管理和成果验收机制，充分发挥专家的作用，确保研究生教材的质量有保障。

第三，百花齐放，建设研究生品牌教材体系。围绕上海市地方高水平大学和一流研究生教育建设目标，学校通过立项资助鼓励广大教师积极开展教材研究，编写出版高水平高质量教材，建设并形成具有华政特色的研究生品牌教材体系。其中，既有各个法学学科领域的重点经典专题研究类教材，也有数字法治人工智能等前沿问题探讨类教材；既有适合学术学位研究生的理论型教材，也有针对专业学位研究生的实务型教材；既有向纵深拓展的专业学科教材，也有横向宏阔视野的交叉学科教材。充分呈现了华政研究生教材建设百花齐放的美好态势。

第四，国际视野，全面助力涉外法治人才培养。华政始终坚持"开门办学、开放办学、创新办学"的发展理念，在科学研究、人才培养、社会服务、国际交流与合作、文化传承与创新等方面承担起社会主义政法院校应有的责任，历来注重涉外法治人才的培养。我校国际法系曹建明教授主编的《国际经济法概论》荣获司法部普通高校法学优秀教材一等奖，曹建明教授和贺小勇教授主编的《世界贸易组织》获得上海普通高校优秀教材二等奖，朱榄叶教授和贺小勇教授的专著《WTO争端解决机制研究》荣获司法部第三届全国法学教材与科研成果三等奖，何勤华教授主编的《外国法制史》获得司法部第二届法学教材与科研成果三等奖、上海市高校优秀教材一等奖，丁伟教授主编的《国际私法学》获得上海普通高校优秀教材三等奖，刘晓红教授和袁发强教授主编的《国际商事仲裁》以及王虎华教授主编的《国际公法学》荣获上海普通高校优秀教材二等奖，等等。2021年2月，根据教育部的通知要求，我校进一步加大法律硕士专业学位（涉外律师）研究生人才的培养力度。2021年4月，我校成立了最高人民法院国际合作局司法协助研究基地，致力于培养大批德法兼修的高素质涉外法治人才。2021年9月，我校受司法部律师工作局委托，承担法律硕士专业学位（涉外律师）研究生培养项目联合培养工作，学校也对此项目相关的研究生教材予以倾斜资助，全面助力高端涉外法治人才的培养。2022年，学校率先在全国成立了独立运行的二级学院——涉外法治学院，培养国际知识产权法律、国际组织人才。

研究生教育肩负着高层次人才培养和创新创造的重要使命，是国家发展、社会进步的重要基石，是应对全球人才竞争的基础布局。我校现在推出的研究生系列规划教材，紧密结合当前经济社会实际，体现了我校研究生导师的最新研究成果，反映了本学科领域发展的动态前沿，我们相信它们是符合广大研究生的学习需求的，也相信能收获研究生教材建设项目的预期成效。

今后，我校将坚持以习近平新时代中国特色社会主义思想为指导，全面贯彻党的教育方针，坚定走内涵式发展道路，以立德树人、服务需求、提高质量、追求卓越为主线，不断推出研究生精品课程和高质量品牌特色教材，为有效提升研究生人才培养质量，为实现中华民族伟大复兴的中国梦作出新的更大的贡献！

叶 青

2022 年 12 月

前　　言

非文学翻译内容广泛，涉及政治、财经、法律、科技、金融、学术等各个领域。随着中国经济的蓬勃发展，非文学翻译在现代翻译实践中发挥着越来越重要的作用。笔者多年从事"非文学翻译"课程的教学工作，授课对象为翻译专业硕士（MTI）研究生。经过七年的教学实践，笔者积累了丰富的教学资料。在此基础上，笔者选取商务、财经、法律及其他类文本作为核心材料，进行文本语言特点分析及翻译讲解，针对该四大领域，帮助读者了解非文学翻译的特点，领会英汉两种语言的差别，解决非文学翻译中面临的实际问题。

《非文学翻译实践教程》全书共五个单元、十三个章节，每个章节包括翻译概述、文本语言特点、翻译基本原则、词汇翻译、句式翻译、篇章翻译、课后翻译练习等内容，涵盖高频非文学语篇话题，将精讲与精练相结合，全面提升读者在非文学材料方面的英汉双向转换能力，用例丰富，结构清晰，具有很强的实用性。本教材结合课程的指导方针、课程的目的和目标，为如何使用教学材料提供实际指导，配以最新或经典文本讲解译文，将翻译方法与策略立体化，必要时提供文化背景知识以便学习者理解材料中的语境。教材编写视角独特、理念新颖、科学严谨，可操作性强，对从事非文学翻译工作的翻译人员具有重要的指导价值，还可以作为培养复合型人才的国际经贸、金融、法律等涉外专业英语用书。

感谢华东政法大学研究生院和外语学院为本书的编写提供的大力支持。感谢立信会计金融学院涂丽萍教授和华东政法大学夏天教授为本书提出专业指导意见。由于本书的原始资料多为英文，因此在编写过程中涉及大量的翻译和审校工作，笔者在此对参与翻译和审校的华东政法大学外语学院的研究生孙思蕊、叶紫、黄培怡、车雨欣等同学表示由衷的感谢！

由于多种原因，本书难免会存在一些纰漏和错误，恳请广大读者不吝赐教，提出宝贵的意见和建议，以便不断改进。

伍巧芳

2023 年 6 月于上海华政园

目　录

第一单元　概　述

第一章　非文学翻译与文学翻译 …………………………………（3）
　　一、非文学文本与翻译 ……………………………………………（3）
　　二、文学文本与翻译 ………………………………………………（4）
　　三、二者的区别 ……………………………………………………（6）

第二章　卡特福德和雅各布森的翻译理论 ………………………（8）
　　一、卡特福德的翻译理论 …………………………………………（8）
　　二、卡特福德的翻译理论在非文学翻译中的应用 ……………（10）
　　三、雅各布森的翻译理论 ………………………………………（13）
　　四、雅各布森的翻译理论在非文学翻译中的应用 ……………（14）

第三章　功能主义翻译理论 ………………………………………（17）
　　一、功能主义翻译理论概述 ……………………………………（17）
　　二、目的论的原则 ………………………………………………（18）
　　三、赖斯的文本类型理论 ………………………………………（19）
　　四、诺德的功能加忠诚理论 ……………………………………（20）
　　五、目的论在非文学翻译中的运用 ……………………………（21）

第四章　奈达的功能对等理论 ……………………………………（24）
　　一、功能对等理论概述 …………………………………………（24）
　　二、功能对等的理论体系 ………………………………………（24）
　　三、功能对等的实现 ……………………………………………（26）

第二单元　商务类文本

第五章　国际商务合同翻译 …………………………………………（33）
　　一、国际商务合同翻译概述 ……………………………………（33）
　　二、国际商务合同的语言特点 …………………………………（33）
　　三、国际商务合同翻译的基本原则 ……………………………（35）
　　四、国际商务合同的词汇翻译 …………………………………（38）
　　五、国际商务合同的句式翻译 …………………………………（48）
　　六、国际商务合同的篇章翻译 …………………………………（54）
　　七、课后翻译练习 ………………………………………………（58）

第六章　外贸函电翻译 ……………………………………………（66）
　　一、外贸函电翻译概述 …………………………………………（66）
　　二、外贸函电的语言特点 ………………………………………（66）
　　三、外贸函电翻译的基本原则 …………………………………（69）
　　四、外贸函电的词汇翻译 ………………………………………（76）
　　五、外贸函电的句式翻译 ………………………………………（79）
　　六、外贸函电的篇章翻译 ………………………………………（86）
　　七、课后翻译练习 ………………………………………………（90）

第三单元　财经类文本

第七章　财经新闻翻译 ……………………………………………（95）
　　一、财经新闻翻译概述 …………………………………………（95）
　　二、财经新闻的语言特点 ………………………………………（95）
　　三、财经新闻翻译的基本原则 …………………………………（97）
　　四、财经新闻的词汇翻译 ………………………………………（101）
　　五、财经新闻的句式翻译 ………………………………………（106）
　　六、财经新闻的篇章翻译 ………………………………………（112）
　　七、课后翻译练习 ………………………………………………（114）

第八章　金融文本翻译 …………………………………………………… (117)
 一、金融文本翻译概述 ………………………………………………… (117)
 二、金融文本的语言特点 ……………………………………………… (117)
 三、金融文本翻译的基本原则 ………………………………………… (119)
 四、金融文本的词汇翻译 ……………………………………………… (124)
 五、金融文本的句式翻译 ……………………………………………… (127)
 六、金融文本的篇章翻译 ……………………………………………… (130)
 七、课后翻译练习 ……………………………………………………… (132)

第九章　会计文本翻译 …………………………………………………… (136)
 一、会计文本翻译概述 ………………………………………………… (136)
 二、会计文本的语言特点 ……………………………………………… (136)
 三、会计文本翻译的基本原则 ………………………………………… (140)
 四、会计文本的词汇翻译 ……………………………………………… (145)
 五、会计文本的句式翻译 ……………………………………………… (149)
 六、会计文本的篇章翻译 ……………………………………………… (153)
 七、课后翻译练习 ……………………………………………………… (154)

第四单元　法律类文本

第十章　法律文本翻译 …………………………………………………… (159)
 一、法律文本翻译概述 ………………………………………………… (159)
 二、法律文本的语言特点 ……………………………………………… (159)
 三、法律文本翻译的基本原则 ………………………………………… (160)
 四、法律文本的词汇翻译 ……………………………………………… (165)
 五、法律文本的句式翻译 ……………………………………………… (169)
 六、法律文本的篇章翻译 ……………………………………………… (173)
 七、课后翻译练习 ……………………………………………………… (176)

第十一章　法学著作与文献翻译 ………………………………………… (180)
 一、法学著作与文献翻译概述 ………………………………………… (180)
 二、法学著作与文献的语言特点 ……………………………………… (180)
 三、法学著作与文献翻译的基本原则 ………………………………… (182)

四、法学著作与文献的词汇翻译 ························· (187)
　　五、法学著作与文献的句式翻译 ························· (188)
　　六、法学著作与文献的篇章翻译 ························· (192)
　　七、课后翻译练习 ····································· (194)

第五单元　其他类文本

第十二章　广告翻译 ······································· (199)
　　一、广告翻译概述 ····································· (199)
　　二、广告的语言特点 ··································· (199)
　　三、广告翻译的基本原则 ······························· (201)
　　四、广告的词汇翻译 ··································· (208)
　　五、广告的句式翻译 ··································· (210)
　　六、广告的篇章翻译 ··································· (213)
　　七、课后翻译练习 ····································· (215)

第十三章　产品说明书翻译 ································· (217)
　　一、产品说明书翻译概述 ······························· (217)
　　二、产品说明书的语言特点 ····························· (217)
　　三、产品说明书翻译的基本原则 ························· (219)
　　四、产品说明书的词汇翻译 ····························· (222)
　　五、产品说明书的句式翻译 ····························· (225)
　　六、产品说明书的篇章翻译 ····························· (228)
　　七、课后翻译练习 ····································· (230)

第一单元
概　　述

第一章　非文学翻译与文学翻译

从古至今,翻译活动在人类社会生活中一直扮演着非常重要的角色。翻译领域的中外学者普遍认同翻译可划分为非文学翻译和文学翻译两个主要类别。二者联系紧密,却又特征各异。无论学习非文学翻译还是学习文学翻译,充分了解文本都是必不可少的。

一、非文学文本与翻译

非文学文本涵盖范围广泛,从行政、法律和其他官方文件到经济和商业文本,从科学、技术到公关文本,应有尽有。尤金·奈达(Eugene Nida)认为,文学翻译在翻译作品总数中的比例不超过5%。[1]由此推测,市场上剩下的95%的翻译由源自其他领域的文本组成,可统称为非文学翻译。这个数字表明,21世纪的非文学翻译至关重要。

从文本语言学的角度来看,根据沙夫纳(Schäffner)和阿达布(Adab)的观点,非文学文本属于一种非常独特的文本类型,即所谓的混合文本。这些文本是文化和语言碰撞的结果,是当代跨文化交流的一个特征,其特点是国际化程度越来越高。[2]它们是翻译过程的产物,并表现出对接收者即目标文化而言似乎"格格不入""奇怪"或"不寻常"的特征。混合文本"允许通过一种媒介将迄今为止未知的(和/或社会不可接受的或不被接受的)概念引入目标文化,这种媒介不符合社会(或文体)惯例和规范,表明其起源的差异性"[3]。因此,混合文本被赋予了与

---

[1] Peter Newmark. Non-literary in the Light of Literary Translation[J/OL]. The Journal of Specialised Translation, 2004, 1 [2022-05-05]. https://www.jostrans.org/issue01/art_newmark.pdf.

[2] Christina Schäffner, Beverly Adab. Translation as Intercultural Communication-contact as Conflict [M] // Mary Snell-Hornby, Zuzana Jettmarová, Klaus Kaindl. Translation as Intercultural Communication: Selected Papers from the EST Congress, Prague, September 1995. Amsterdam and Philadelphia: John Benjamins Publishing Company, 1997: 325-337.

[3] Ibid.: 328.

目标语言和文化规范相矛盾的特征。

在卡塔琳娜·赖斯(Katharina Reiss)以翻译为导向的文本类型学框架内，借用卡尔·布勒(Karl Buhler)对语言功能的三向分类，重点关注的非文学文本可以定位为信息型和操作型文本类型。值得注意的是，非文学文本是基于事实和信息的简单交流；同时它呼吁接收方以某种方式行事。①

从翻译学的角度来看，非文学文本对应于纽马克的语义翻译，其特点是非常尊重原文，倾向于"更复杂、更机械、更详细"②。译者在进行语义翻译时要注意源文本(source text, ST)的句法结构和文体特点，不仅要转移意义，还要转移原文的形式。

以法律翻译为例，它通常被视为非文学翻译中的一个特定类别，并被描述为"终极语言挑战"，结合了文学翻译的创造性和技术翻译的术语性。③尽管如此，制度及法律翻译的主要目的是以上述方式在译语(target language, TL)中重新创造源语(source language, SL)的内容，以达到相同的含义、意图和法律效果。因此，可以说法律翻译的最终目标是产生平行文本，由法院统一解释和适用。在当今多语种社会，法律翻译在国际法中扮演着重要的沟通中介角色。正如桑德里尼(Sandarini)所指出的，"随着全球化趋势的加剧，跨国法律框架正在削弱国家法律体系作为法律翻译中最重要因素的作用"④。由于法律文本具有法律效力，因此其翻译应尽可能准确，以免造成任何不便。

二、文学文本与翻译

为了把握文学翻译的具体内容，有必要先了解文学文本的属性。它有一种与生俱来的能力，可以吸引人的感情，展开人的想象力。考虑到这一点，似乎应该提出一个问题：相比非文学类文本，为什么大多数人通常更喜欢文学类文本？毫不夸张地说，文学文本在其艺术品质的基础上保证了娱乐性，为读者提供了作

---

① Katharina Reiss. Type, Kind and Individuality of Text: Decision Making in Translation [J]. Poetics Today, 1981, 2(4): 121-131. Republished in Katharina Reiss. Type, Kind, and Individuality of Text: Decision Making in Translation [M]// Lawrence Venuti. The Translation Studies Reader. London and New York: Routledge, 2000.
② Peter Newmark. Approaches to Translation[M]. New York and London: Prentice Hall, 1981.
③ Malcolm Harvey. What's So Special about Legal Translation? [J]. Meta: Translators' Journal, 2002, 47(02): 17.
④ Peter Sandrini. LSP Translation and Globalization [M]// Maurizio Gotti, Susan Šarčević. Insights into Specialized Translation. Bern: Peter Lang, 2006: 107-120.

者的经验或世界观,这可能会激发读者思考、行动并重新评估自己的态度。显然,文学艺术作品最重要的特点是,它具有审美功能。文学作品的存在是对客观现实的主观转化反映,与作者的审美情感意图相一致:他/她努力传达他/她的观念、思想和情感,这得益于他/她对经验的定位。从语言资源选择的角度来看,大量的词汇变化和表达的独特性在这里凸显出来。文学文本的另一个重要特征与词语的多义性有关,因为只有"通过对其整个指称和内涵维度的仔细映射,才能实现对文本的充分理解"①。此外,有人声称,文学文本的主要特征在于它对信息的关注,而不是对内容的关注。②

因此,文学翻译必须被视为"一种以审美为导向的媒介双语交际,其目的是产生一种旨在传达其自身形式的目标文本,与源文本相对应,并符合当代文学和目标文化的翻译规范"③。译者钻研文学著作的美学乐趣,在译文中重现一部原本无法触及或出神入化的作品。

一般来说,文学翻译中最困难的事情之一是译者捕捉和呈现原作风格的能力。值得注意的是,在文学翻译中,如何说可能与说什么同样重要,有时甚至更重要。例如,在技术翻译中,只要信息内容从原文到译文保持不变,风格就不是一个考虑因素。兰德斯(Landers)用一个生动的货运列车类比来说明这个问题:

> 在技术翻译中,如果所有的货物都能完好无损地到达,车的顺序就无关紧要。然而,在文学翻译中,车的顺序,即风格,可以呈现生动、可读性强的翻译与呆板、僵硬、人为的渲染之间的区别,这种渲染剥夺了原作的艺术和美学价值,甚至它的灵魂。④

理想的情况是,译者应该努力做到完全没有风格,并努力消失在他/她所翻译的作者的风格中,并与之难以区分——"时而简洁,时而漫无边际,时而深奥,但总是在情况允许的范围内忠实于原文"⑤。然而,所有的文学翻译者都有自己的个人风格,即特有的表达方式,他们或多或少都会自觉或不自觉地表现出来。

---

① Piotr Kuhiwczak, Karin Littau. A Companion to Translation Studies[M]. Clevedon: Multilingual Matters, 2007.
② Ibid.: 78-79.
③ Igor Burkhanov. Translation: Theoretical Prerequisites[M]. Rzeszów: Wydawnictwo Uniwersytetu Rzeszowskiego, 2003.
④ Clifford E Landers. Literary Translation: A Practical Guide[M]. Clevedon: Multilingual Matters, 2001.
⑤ Ibid.: 90.

从翻译学的角度来看，文学文本对应于克里斯蒂安·诺德（Christiane Nord）的"工具翻译"，它在目标文化的新交际行为中作为独立的信息传递工具，旨在实现其交际目的，令接收者在读到或听到该翻译文本时，不会产生似曾相识的感觉。[①]

具体而言，就是目标文本的接受者在阅读目标文本时，就好像它是用自己的语言书写的源文本一样。此外，诺德的"工具翻译"可与彼得·纽马克（Peter Newmark）的"交际翻译"相提并论，后者的本质是在其读者身上产生"尽可能接近原文读者的效果"，更流畅、更简单、更清晰、更直接，而且倾向于少译。[②] 与非文学文本相比，文学文本可能充满了特定的文化术语，这支持了将文学翻译作为文化传播和协商工具加以倡导渲染的观点。

三、二者的区别

由上述分析可知，非文学文本和文学文本的本质区别在于，前者关注的是信息、事实和现实，而后者则包含了心灵世界，即思想和情感，并以想象为基础。

从翻译的角度对比非文学文本和文学文本，也可以发现一些根本性的不同之处。第一，非文学文本的翻译往往要求完全忠实于原文，并在术语方面极其精确，不允许译者在翻译时发挥太多创造性，尤其是制度-法律文本的翻译，受到严格的控制和规范的约束。而文学文本的翻译却更自由、更有创造性，因为它作为进入虚构世界及其文化的门户，应该为虚构的元文化提供不失真的解读。第二，在非文学文本中，作者的个性至少是隐藏的，甚至是隐形的，而在文学文本中，作者的个性在他/她的世界观、态度和信念的交流中得到充分展示。第三，与文学翻译形成鲜明对比的是，非文学文本中的内容诠释仅作为一项辅助功能。[③]

因此，非文学翻译者必须是其所从事翻译领域的专家，以便能够进行充分的语境内翻译。彼得·纽马克对非文学翻译和文学翻译之间的区别总结如下：

> 文学翻译和非文学翻译是两种不同的职业，尽管一个人有时可能同时从事这两种职业。它们相得益彰，高端大气，各自在源文本中寻求有价值但

---

① Christiane Nord. Text Analysis in Translation: Theory, Methodology, and Didactic Application of a Model for Translation-oriented Text Analysis, 2nd ed[M]. Amsterdam and New York: Rodopi, 2005.

② Peter Newmark. Approaches to Translation[M]. New York and London: Prentice Hall, 1981.

③ Anton Popovič. Translation as Communication [M]//Hg A Popovič, I Dénes. Translation as Comparison. Nitra: The Pedagogical Faculty, 1997:192.

不同的真理。前者富于寓意和美学,后者强调事实和传统功能。他们有时各自有不同的文化背景,偶尔也被称为"两种文化",而这两种文化是相互不利且相互对立的。①

总之,对这两种文本体裁的属性、语言内容和翻译的角度进行对比,实事求是地看,它们之间的差异是比较明显的。基于非文学翻译与文学翻译的不同之处,本书将重点阐述适用于非文学文本翻译的主要理论,并选取商务、财经、法律及其他类文本作为核心材料进行文本语言特点分析及翻译讲解,帮助读者解决非文学翻译中面临的实际问题。

---

① Peter Newmark. Non-literary in the Light of Literary Translation[J/OL]. The Journal of Specialised Translation,2004,1 [2022-05-05]. https://www.jostrans.org/issue01/art_newmark.pdf.

第二章 卡特福德和雅各布森的翻译理论

一、卡特福德的翻译理论

约翰·卡特福德(John Catford)是英国著名的语言学家和翻译理论家,他有关翻译理论的观点主要体现在 1965 年出版的《翻译的语言学理论》一书,以及一篇名为"翻译和语言教学"的论文中。

(一) 翻译的定义

翻译理论以语言之间的某种关系为研究对象,因此属于比较语言学范畴的一个分支。一般可以认为语言之间的关系是双向性的(two-directional),尽管它们并不总是对称的。翻译是一个过程,它始终是单向性的(uni-directional)。翻译的定义如下:用一种等值的语言(译语)的文本材料去替换另一种语言(源语)的文本材料。[1]

翻译实践的中心问题是寻找译语的翻译等值成分。翻译理论的中心任务就是界定翻译等值关系的性质和条件。[2]

(二) 翻译的类型

1. 全文翻译和部分翻译:这种区别同参与翻译

过程的源语文本和范围(就顺序排列的意义而言)有关。在全文翻译(full translation)中,全部文本都被纳入翻译过程,也就是说,源语文本的每一个部分都要用译语文本的材料来替换。在部分翻译(partial translation)中,源语文本的某一部分或某些部分是未翻译的,只需把它们简单地转移并参合到译语文本

---

[1] 〔英〕J.C.卡特福德.翻译的语言学理论[M].穆雷,译.北京:旅游教育出版社,1991.
[2] 同上书,第25页.

中即可。①

2. 完全翻译和有限翻译：这种区别同翻译

与所使用的语言层次(level)有关。完全翻译(total translation)是指一种源语文本的所有层次都被译语材料所替换的翻译，但并非是所有层次上的等值成分的替换。② 有限翻译(restricted translation)意为：源语文本材料仅在一个层次上被等值的译语文本材料所替换，即仅在音位层次或字形层次，或仅在语法层次或词汇层次中的某一层次上进行的翻译。③

3. 翻译的等级：它与翻译等值关系所建立的语法（或音位）的等级有关

在一篇长文中，翻译的等值关系发生的等级总是在不断地变化，有时是句子对句子，有时是词组对词组，或单词对单词。④ 我们通常所说的意译、直译和逐字翻译与此是相互关联的。⑤

（三）文本等值和形式对应

卡特福德认为，翻译的等值关系是一种对原文和译文进行比较时显示的、以经验为依据的现象。要说明这一问题必须区分以下两个概念：(1) 文本等值关系(textual equivalence)，指在特定的语言环境中的任何译语文本或部分文本与原文构成等值关系。(2) 形式对应关系(formal correspondence)，指译文中的语法范畴与原文中的相当的范畴占有同等的地位。⑥

翻译规则是翻译等值关系概率的"外推"(extrapolation)。⑦ 如前所述，形式对应是指译文中的任何范畴在译文体系中所占的地位必须与原文中对应的范畴在原文体系中所占的地位相同，或尽可能相同。这里所谓的"范畴"，泛指语法中的词性以及性、数、格、体、人称、时态、语态、情态等的各种变化。⑧

（四）翻译转换

"转换"是指源语进入译语过程中离开形式的对应。"转换"有两种主要类型：层次转换(level shifts)和范畴转换(category shifts)。

---

① 〔英〕J.C.卡特福德. 翻译的语言学理论[M]. 穆雷，译. 北京：旅游教育出版社，1991，25。
② 同上书，第26页。
③ 同上书，第27页。
④ 同上书，第30页。
⑤ 同上。
⑥ 同上书，第32页。
⑦ 同上书，第37页。
⑧ 同上书，第40页。

1. 层次转换。所谓层次转换,是指处于一种语言层次上的源语单位,具有处于不同语言层次上的译语翻译等值成分。音位、字形、词汇、语法都属于语言的不同层次。不难理解,在翻译过程中,音位与字形之间,或其中任何一个层次与词汇层次或语法层次之间都无法进行转换。所以,层次转换可能出现的类型就是从语法层次到词汇层次转换,反之亦然。层次转换主要在两种语言的语法概念差异较大时产生。①

2. 范畴转换指翻译过程中形式对应的脱离。包括结构转换(structure shifts)、类别转换(class shifts)、单位转换(unit shifts)和系统内转换(intra-system shifts)四种类型。

(1) 结构转换:此种转换形式比较常见,主要体现在语法结构的变化上。比如,在句子级别上,英语的"主语+谓语+补足语"结构可以转换为盖尔语中"谓语+主语+补足语+附加语"的结构。②

(2) 类别转换:"当源语单位的翻译等值成分是一个与源语单位处于不同类别的成分时,就产生了类别转换"③。

(3) 单位转换:即"级阶"转换,"级阶"在韩礼德(M. A. K. Halliday)的语法体系里代表着从词素到句子的语言单位层次。单位转换就是指"源语中某个级阶上一个单位的翻译等值为译语不同级阶上的单位"④。

(4) 系统内转换:此种转换发生于体系内部,意思就是源语和译语的结构在形式上大致对应,但在翻译时却要在译语体系中选择一个非对应的术语。比如,英语和法语的数的体系在形式上是对应的。但在翻译时,英语名词的单数经常译为法语名词的复数,或法语名词的单数需要译成英语名词的复数。⑤

二、卡特福德的翻译理论在非文学翻译中的应用

这里重点介绍的是卡特福德的翻译转换理论,通过分析英语和汉语的差异性,结合非文学翻译实例,探索在准确传递信息的同时,使译文通顺流畅,译文在词汇、短语、句子、语法层面上将发生的翻译转换类型。本节主要介绍层次转换、

---

① 〔英〕J. C. 卡特福德. 翻译的语言学理论[M]. 穆雷,译. 北京:旅游教育出版社,1991,85.
② 同上书,第89页.
③ 同上书,第91页.
④ 同上书,第92页.
⑤ 同上书,第93页.

结构转换、类别转换和单位转换四种翻译转换。

(一) 层次转换

【例1】

原文:the accompanying <u>problems</u> that these situations create for the teaching of media ethics at the tertiary institutions in this country

译文:这些情况给国家高等院校的媒体伦理教学随之带来<u>一系列问题</u>。

【讲解提示】

英语中大部分可数名词都有单复数之分,当一些单数名词变为复数名词时,根据语法规则,需要在单数名词后面加上后缀,或者改变名词的具体形态。但汉语只能通过词汇手段来表达复数意义。如例所示,原文中表复数的"s"被译为"一系列问题",此时,我们可以把"一系列"看作后缀"s"的翻译等值成分。如果将"一系列"去掉,会导致译文表意不清,读者会产生究竟是一个问题还是一些问题的疑惑。

【例2】

原文:Consequently, newspapers the world over <u>have restored</u> to the interpretation and analysis of the news.

译文:结果,全世界的报纸只能去解读新闻、分析新闻<u>了</u>。

【讲解提示】

例2中,结合上下文可知,报纸行业在与电视、因特网的竞争中丧失优势,控制新闻传播的能力逐渐减弱,而只能去解读、分析新闻的内涵。要说明世界范围内报纸行业发生的巨大变化,需要在译文中加入"了"字解释清楚这种现象。此时,"了"字便是原文中现在完成时的翻译等值成分。

上述译例代表了翻译实践中出现的由语法层次到词汇层次的转换。这种转换形式比较常见,通常原文都带有明显的语法标记,便于译者操作。

(二) 结构转换

【例3】

原文:<u>Those individuals or issues that represent a minority perspective</u> can easily lose out in a good-versus-bad-equation.

译文:"好"与"坏"的对峙中,<u>那些代表少数派观点的个人和问题</u>则很容易败下阵来。

【讲解提示】

在英语中,当名词的修饰成分为短语或从句时,通常将短语或从句置于名词之后。但汉语中的修饰成分通常在名词之前,用"……的……"来表达。例3中的主语为"those individuals or issues",其后为"that"引导的定语从句,结构为名词+后置定语。为了符合汉语的表达习惯,译文把定语"代表少数派观点的"置于中心词"个人和问题"前,将画线部分的结构转换为前置定语+名词。

(三) 类别转换

【例4】

原文:The <u>inquiry</u> by the South African Human Rights Commission into alleged racism in the media, held in 1998, supported the perception that the South African media cannot be trusted and should be monitored.

译文:1998年南非人权委员会(the South African Human Rights Commission)<u>调查</u>了媒体涉嫌种族歧视的情况,调查结果证实南非媒体不值得信任,应予以监督。

【讲解提示】

英语更多借助名词或者名词性词组来表达意义,而现代汉语倾向于使用动词或者动词词组。在一些情况下,许多在汉语中用动词表达的含义,在英语中用名词表达更合适。例4中,原文中的"inquiry"是名词。如果将该词处理成名词,原文可翻译为:"南非人权委员会(the South African Human Rights Commission)在1998年进行的媒体涉嫌种族歧视的<u>调查</u>证实了南非媒体不值得信任,应予以监督"。这种处理方式虽然符合传达信息的要求,但"调查"之前的定语过长,使得译文略显累赘,不符合译入语规范。因此,译者选择将名词"inquiry"转译成动词"调查"。同时,英语原文也被拆成两个汉语句子,"调查"和"证实"分别作为句中的谓语动词,符合汉语多动词的特点。

(四) 单位转换

【例5】

原文:The financial reasons for forming conglomerates are clear: it is more <u>profitable</u> to join forces, to synergize and not to fight each other.

译文:组建企业集团的经济原因显而易见:通力合作、协同一致、互不竞争,这样做更<u>有利可图</u>。

【讲解提示】

"profitable"的解释为"有利润的,盈利的",而汉语成语"有利可图"可理解为"有利益可谋求",二者表达相近的意义。因此,在例 5 中,译者将单词"profitable"转译为成语"有利可图",使译文更具表现力。

从例子中可以发现,为符合译入语的表达习惯,在力图准确传达信息的同时,译者需要对译文进行形式上的变换。根据卡特福德的翻译转换理论,译者可以从层次转换、结构转换、类别转换和单位转换四个方向对译文进行处理,从而实现具体形式的转换。

三、雅各布森的翻译理论

罗曼·雅各布森(Roman Jakobson)是布拉格语言学派的代表人物,他对翻译理论的主要贡献体现在《论翻译的语言学问题》一文中。[①] 雅各布森从符号学的观点出发,将翻译与语言学相结合,提出了语言符号观、语言强制性范畴以及翻译对等理论,并在符号学的基础上把翻译分成了三大类:语内翻译、语际翻译和符际翻译。

(一) 语言的符号观

雅各布森继承和发展了索绪尔(Saussure)的符号学理论,认为人们对词义的理解,进而也是对整个语言含义的理解,并不取决于人们的生活经验以及对世界的知识,而首先取决于人们对赋予词的意义的理解。也就是说,词是语言中的一个语言符号,其意义也是人们赋予它的。理解了人们赋予该词的意义,也就理解了语言。他进一步指出,没有符号就没有意义。由此可见,意义是与符号有关,而不是与所指事物或对象有关。雅各布森采用皮尔士(Peirce)的符号和意义理论,指出不论是对于语言学家还是对于普通的语言使用者,任何语言符号的意义都在于进一步把它翻译成其他可替代的符号,尤其是翻译成更为发达的符号。这一观点,以及他对翻译的分类和翻译对等的解释,构成了翻译的符号学理论基础。

[①] Roman Jacobson. On Linguistic Aspects of Translation [M]// Reuben Arthur Brower. On Translation. Cambridge and London: Harvard University Press, 1959.

(二) 语言的强制性范畴

雅各布森认为:"语言之间的本质差异,不在于它们能表达什么,而在于它们必须表达什么。"也就是说,各种语言都有强制的范畴。正是这些强制性的范畴,使各种语言有各自的特征。同时这些强制性的范畴又对表达方式的对等程度有所制约。所以,雅各布森说,一种语言的语法形式(与词汇相对)决定了必须在该语言中表达出来的每个经验的那些方面。语法范畴是强制性的,词汇选择则是非强制性的。

(三) 翻译的分类

雅各布森还从符号学的观点出发,把翻译分为三类,即语内翻译、语际翻译和符际翻译。语内翻译是指在同一语言中用一些语言符号解释另一些语言符号,就是"改变说法"。语际翻译是指两种语言之间的翻译,即用另一种语言的语符来解释一种语言的语符,这就是人们通常所说的严格意义上的翻译。符际翻译(亦称跨类翻译),就是通过非语言的符号系统解释语言符号,或用语言的符号解释非语言符号,比如把语言符号用图画、手势、数学或音乐来表达。

(四) 翻译的对等

"在不同的语符中求得对等是语言学的主要问题。"对一个词进行语内翻译可以采用近义词,但是在很多情况下,并不存在完全对等的近义词。同理,在语际翻译过程中,符号与符号之间一般也没有完全的对等关系,只有信息才能充分解释外来符号。因此,翻译所涉及的是两种不同语符之间的信息对等。

四、雅各布森的翻译理论在非文学翻译中的应用

本节重点介绍雅各布森的翻译对等理论。

(一) 语义对等

英语与汉语是两种完全不同的语言。英语一词多义、一词多性,灵活丰富,因此,要准确翻译,译者就必须准确选择一个最契合的词义。

【例 1】
原文:At lunchtime, there's a choice between the buffet and the set menu.
译文:午餐可以吃自助餐,也可以选套餐。

【例2】

原文:Our products are manufactured from the choice grades of material and will satisfy you in every respect.

译文:我方产品均用上等材料制成,因此,在各方面都会使贵方满意。

【讲解提示】

两句中均出现"choice"一词。分析译文可知:第一个"choice"在原文中是名词,汉译时为符合目的语表达习惯,采用词性转换的翻译技巧,译为动词词性的"选择"。第二个"choice"是形容词,表示"优选,上等"的意思。

(二) 语境对等

同一个词在不同的语境下,翻译出来的意思显然是不尽相同的。翻译中要力求做到语境、信息对等,从而避免某些词义的细小变化。

1. 具体情景语境

【例3】 The full set of shipping documents shall accompany the collection draft and only be released after full payment of the invoice value.

【例4】 Freight collected.

【讲解提示】

在这里我们可以看到例3中"collection"是"托收"的意思,例4中的"collected"是"(运费)到付"的意思。

【例5】 This documentary credit is subject to the Uniform Customs and Practice for Documentary Credits(1993 Revision) International Chamber of Commerce(Publication No. 500).

【例6】 This Proforma Invoice is subject to our last approval.

【讲解提示】

在这里我们可以看到例5中的"is subject to"是"受……约束"的意思,而例6中的"is subject to"是"有待于,须经……"的意思。

这四个例子都属于信用证的翻译。信用证具有法律文书的语言特色,用词严谨、正规、严肃、专业性强,因此译者在翻译这类文本时,应当表达出它严谨、正规、严肃、专业性强的一面,必须熟悉它背后所隐藏的各种小语境(例如具体情景语境、文化语境和个人语境等),深入体会在当前的语境中它的每句话甚至每个单词,这样才能使译文与原文所传达的信息对等。

2. 文化语境

在非文学翻译过程中要做到文化信息的对等,就要求译者对双方的文化有比较好的理解。例如"pillow"一词,很多时候指的是"靠垫"而非"枕头"。所以,非文学翻译过程中还要充分考虑文化因素,否则不但达不到对等的效果,还会译得不伦不类、不知所云,甚至贻笑大方。

3. 个人用语习惯

因为译者本身的能力和思维存在差异,所以难免会产生以个人经历及所学知识为依据的翻译,从而使意思与原文不符。因此,作为译者要尽量避免这样的情况,尽力使译文传达"地道、准确"的源语信息。

(三) 风格对等

非文学翻译(例如合同翻译、法条翻译等)最大的语言特点是格式化和规范化,具体表现在具有术语性、专业性、简约性等特点。翻译成目的语也应该保留这些特点。

第一,使用术语体现正式和专业性。很多非文学类型文本拥有数量可观的专业词汇,带有很强的专业性,并且词义专一。

第二,用短语表达,体现简洁。在商务口语和书面语中,尽量避免拖沓、烦琐的语言。

因此,此类非文学翻译要时刻注意其术语性、专业性和简约性的语言特点,使目的语与源语一致,以便实现二者语言风格的对等。

根据雅各布森提出的对等理论,如果一个语言符号可以充分地表达其本身,那么其他符号单元不可能完全与之对应。也就是说,译者在翻译过程中应脱离字对字的死译,尤其是非文学翻译中存在大量一词多义现象,文本专业性高,目的语和源语文化风格差异大,译者应当着眼更高层面的信息对等。无论译者偏向何种等值层面,语义、语境或是风格都得找出平衡点,使得这三种等值相得益彰、取舍得当。

第三章 功能主义翻译理论

一、功能主义翻译理论概述

20世纪八九十年代,德国功能翻译学派崛起。该学派的翻译理论认为翻译是一种基于源文本的目的性的跨文化人际互动交往行为[①],由此提出了目的性原则,突破了对等理论的限制,要求翻译活动必须依据翻译目的,以文本目的为翻译过程的第一准则。人们通常所指的德国功能翻译学派的代表人物是:卡塔琳娜·赖斯、汉斯·J. 弗米尔(Hans J. Vermeer)、贾斯塔·赫尔兹-曼塔里(Justa Holz-Mänttäri)和克里斯蒂安·诺德[②]。其颇具里程碑意义的理论是:赖斯的功能主义翻译批评理论,即文本类型理论(text typology),弗米尔的目的论(skopos theorie),曼塔里的翻译行为理论(theory of translation action),以及诺德的功能加忠诚理论(function plus loyalty)。赖斯、弗米尔和曼塔里属德国功能学派的第一代代表人物,诺德则属第二代代表人物,因此她的理论是在第一代理论的基础上发展起来的。具体发展阶段如下:

第一阶段,理论形成阶段——赖斯。赖斯在《翻译批评的可能性与限制》一书中形成了功能派理论思想的雏形,提出要从原文和译文两者功能之间的关系来评价译文,把文本功能作为翻译批评的标准。具体说来,赖斯认为在了解翻译目的的前提下,文本类型理论能够帮助译者确定对等程度,在此基础上将语言功能、文本类型和翻译方法联系起来运用于实践,并且还提出了针对不同的文本类型采用不同的翻译原则和评价标准。所以,赖斯的理论是建立在对等的基础之上的,即原文与译文的功能对等。此外,这一理论为功能翻译理论奠定了基础。

第二阶段,理论发展阶段——弗米尔。作为赖斯的学生,弗米尔站在赖斯的肩膀上,抛开了以原文为中心的等值框架的束缚,进一步提出了功能派的奠基理

---

① 陈静. 浅析翻译目的论三原则及其在翻译实践中的应用[J]. 海外英语,2016,17:89—90.
② 杨鑫. 诺德翻译理论指导下的法律文本翻译研究——以《德国刑事诉讼法》为例[J]. 法制博览,2019,14:178—181.

论——目的论。弗米尔认为翻译行为所要达到的目的决定整个翻译行为的过程。① 翻译是一种人类行为,任何翻译都是有目的的,因此翻译是一种目的性行为。② 评判翻译的标准不再是"对等",而是译文实现预期目标的充分性。关于目的论的具体阐述,将在下文进行进一步说明。

第三阶段,理论成熟阶段——曼塔利。曼塔利在前人的基础上,提出了翻译行为理论,认为翻译是一种为了达到某种目的而进行的复杂活动,着重分析了参与者(翻译发起者、译者、文本使用者、信息接收者)的作用及参与者行为发生的语境条件(时间、地点、媒介),从而进一步发展了功能翻译理论。

第四阶段,第二代目的论阶段——诺德。诺德系统论述了功能理论,提出了"功能加忠诚理论"作为对翻译目的论的补充,从而完善了该理论。她强调译文的功能是首要考虑的因素并不意味着译者对如何翻译有了绝对的权利。原文和译文之间关系的本质是由目的决定的,译文目的应与原文作者的目的兼容。

由于功能主义目的论强调翻译目的对翻译策略的决定作用,国内学者普遍认为,该派理论更适用于"目的性"较强的非文学类文本翻译。③

二、目的论的原则

目的论的核心是让译文符合读者需要,确保译文能达成预定目的。在弗米尔和赖斯合著的《通用翻译理论基础》中,弗米尔提出了目的论的一些基本论点,并按等级排列,其中包括目的论的三项原则——目的原则、连贯原则、忠实原则。

目的原则是目的论的首要原则,即译文由其目的决定,包括译者的目的、译文的交际目的和使用某种手段所要达到的目的。弗米尔对目的原则的定义是:用一种使文本/译文在其使用的情景中达到预期功能,和文本/译文使用者想要文本达到其预期功能的方式相一致的方式来翻译/口译/说话/写作。④ 根据这一核心原则,如何译、采用何种策略并无局限或者规定,只要服务于翻译目的,能够使文本达到预期目的和功能,使译文为受众理解和接受,译者就可以充分发挥主观能动性,灵活选择翻译策略、处理原文与译文之间的差异。用弗米尔的话说

---

① Christiane Nord. Text Analysis in Translation: Theory, Methodology, and Didactic Application of a Model for Translation-oriented Text Analysis[M]. Amsterdam: Rodopi, 1991.
② 陈静. 浅析翻译目的论三原则及其在翻译实践中的应用[J]. 海外英语, 2016, 17: 89—90.
③ 卞建华, 崔永禄. 功能主义目的论在中国的引进、应用与研究(1987—2005)[J]. 解放军外国语学院学报, 2006, 5: 82—88.
④ Hans J Vermeer. Skopos and Commission in Translational Action [M]// Lawrence Venuti. The Translation Studies Reader. London and New York: Routledge, 2000: 23.

就是:目的论想表达的是,译者必须有意识地且始终如一地遵照一些顾及译文的翻译原则。该理论并未规定具体的翻译原则,具体的翻译原则应当取决于每一个特定的翻译任务。[①]

连贯原则强调文本内部连贯,即语内连贯。译者必须根据读者的需求、背景、文化水平翻译源文本,让译文能够在目的语文化和使用译文的交际环境中有意义,使目标读者可以理解译文,搭建好作者和目标读者之间的桥梁。

忠实原则是指原文与译文之间的连贯,即语际连贯。这就要求译者要忠实于原文,用忠实的方式翻译原文。忠实的程度和形式是由翻译目的和译者对原文的理解决定的。但是,原文和译文之间的对应类型仍未明确。

目的原则、连贯原则、忠实原则这三项原则是按照等级排列的,忠实原则服从于连贯原则,而忠实原则和连贯原则又服从于目的原则,是对目的原则的补充。也就是说,译者首先要确保译文能达到预定目的,而后确保译文文内连贯,最后才是确保译文与原文之间的一致。[②] 这三条原则提出后,评判翻译的标准不再是"对等",而是译本实现预期目标的充分性。

三、赖斯的文本类型理论

卡塔琳娜·赖斯是功能派翻译理论的创始者,她和她的文本翻译理论对功能派翻译理论的产生、发展有着重要影响。赖斯理论架构的核心是文本类型学。她将文本分为四种类型:(1) 信息文本,包括新闻报道、商业信函、使用说明、专利说明、条约、官方文件、各类非虚构类书籍、论文以及各领域专业文献等。这一类型的文本强调提供关于某一专题的信息。因此,此类文本重内容,文本的主要功能是传递信息。(2) 表情文本,包括随笔、传记、纯文学、小说、浪漫文学以及诗歌等。这一类型文本以信息发送者即作者为中心,强调作者如何表达自己的心境和感情。因此,此类文本重形式。(3) 感染文本,包括广告、宣传、论战、煽动、讽刺文学等。这一类型文本在传递信息时有一个非常明确的目的,并且以信息接收者为中心,强调"引发听者某种行动"。因而,此类文本重感染。(4) 听觉媒介文本,包括歌曲、戏剧、电视、电影、有声(像)广告等。这一类型的文本是写

---

① Hans J Vermeer. Skopos and Commission in Translational Action [M]// Lawrence Venuti. The Translation Studies Reader. London and New York:Routledge,2000:23.
② 马会娟,苗菊. 当代西方翻译理论选读[M]. 北京:外语教学与研究出版社,2009.

出来让读者听而不是读的,经常伴有语言之外的媒介,如音乐、画面等。①

赖斯文本类型理论中最主要的部分就是上述"文本分类法",文本分类是选择不同翻译标准和批评标准的依据。② 赖斯认为,能够解决所有类型文本的方法并不存在,分析文本类型是译者选择翻译策略及方法的前提;同时,赖斯将翻译步骤分为两步,即分析阶段和重述阶段。分析阶段主要是确定源文本的功能类别和文本载体,而重述阶段则是基于分析阶段组织目标文本的篇章结构。③ 可见,在翻译文本前首先应明确文本类型和文本功能,再选择相应翻译策略。此外,赖斯强调以译文为中心,其在《翻译批评:潜力与制约》中提出"译者务必在目的语中找到与原文相似的形式并加以转换"。因此,赖斯理论的实质是寻求译文与原文的功能对等,包括源文本与目标文本在概念内容、语言形式和交际功能等几个层面与源文本建立起对等关系。

四、诺德的功能加忠诚理论

克里斯蒂安·诺德把忠诚原则引入功能主义模式,希望解决翻译中的激进功能主义问题④,也就是说,诺德功能翻译理论的基石有二:功能加忠诚,即翻译过程必须遵循目的法则和忠诚原则。功能原则可理解为翻译的目的决定翻译方法和策略的选择;忠诚指译者应同时对原文和译文环境负责,对原文信息发送者和目标读者负责,译者不但要对原作者忠诚,还需要对译语读者忠诚,即考虑译语读者的需要。除此以外,还包括译者对自己忠诚,即提交自己最好的译文。⑤ 换言之,诺德的"功能加忠诚"理论要求译者在翻译过程中对翻译过程中的各方参与者负责,竭力协调好各方关系。诺德指出,在翻译时应首先明确谁是读者,译者要综合考虑翻译委托人、源文作者和目的语读者,照顾到他们从各自的文化角度对译文产生的不同期望,"如果我不知道自己的译文将做何用,就无法提供有助于实现其目的的译文,与翻译目的有关的一个重要因素是译文受众"⑥。

---

① 李谧. 功能主义翻译理论视角下的文本类型与目的性翻译——以赖斯的翻译理论为例[J]. 山西财经大学学报,2008,S2;204.
② 吴艾玲. 莱斯的翻译类型学与文本类型翻译在中国[J]. 南京理工大学学报(社会科学版),2005,5;59—63.
③ 侯莹莹. 凯瑟琳娜·莱斯与彼得·纽马克文本类型翻译理论之比较研究[J]. 海外英语,2020,22;49—60.
④ 张美芳. 功能加忠诚——介评克里丝汀·诺德的功能翻译理论[J]. 外国语,2005,1;60—65.
⑤ 黄蓉. 诺德功能翻译理论视角下插入语的翻译策略[D]. 南京:南京信息工程大学,2020.
⑥ 王京平,杨帆. 德国功能翻译理论学者克里斯蒂安娜·诺德采访录[J]. 德语人文研究,2021,9(01);43—46.

诺德的"功能加忠诚"翻译理论更多应用于信息型实用文体[①],一般以"翻译目标决定翻译策略"为理论依据,在翻译过程中采用增补、删减、重构、改写等翻译技巧。诺德认为"功能加忠诚"理论的核心是:翻译纲要、原文分析、对翻译问题的分类。"翻译纲要"包括译语文本的预期功能、读者及传播媒介等方面。"原文分析"主要涵盖文外和文内两块因素,其中文外要素涉及信息发送者及其用意、信息接收者、媒介等,而文内要素包括词、句、段落、内容主题的分析。在"对翻译问题的分类"上,要从"功能"和"忠诚"两个维度进行分析:功能上,应注重在词汇方面运用词汇增减、词性转换等技巧,句法方面运用语序调整、主被动转换等方法;忠诚是指译者、源语作者、目的语读者及翻译发起者之间的人际关系。[②]

五、目的论在非文学翻译中的运用

目的论强调译者应该以译文的预期目的为主,并在此基础上采用符合实际的翻译策略、翻译方法和翻译技巧,以使译文为目标受众理解和接受。这就给了译者足够的灵活空间,让译者可以充分发挥主观能动性,根据翻译目的灵活选择翻译策略、方法和技巧。

根据熊兵的观点,翻译策略是翻译活动中,为实现特定的翻译目的所依据的原则和所采纳的方案集合,可分为归化(domesticating strategy 或 domestication)和异化(foreignizing strategy 或 foreignization)两类。翻译方法是翻译活动中,基于某种翻译策略,为达到特定的翻译目的所采取的特定的途径、步骤和手段。异化策略下的翻译方法包括零翻译、音译、逐词翻译和直译;归化策略下的翻译方法包括意译、仿译、改译和创译。翻译技巧是翻译活动中,某种翻译方法在具体实施和运用时所需的技术、技能或技艺。在上述八类翻译方法中,除零翻译、音译和逐词翻译一般不需要使用技巧外,其他五种翻译方法(包括直译,因为直译也会涉及原文词汇、句法结构的变化)在具体的运用中都会涉及各类翻译技巧的使用,如增译、减译、分译、合译及转换等。[③]

根据目的原则,对原文内容的删减、增添、保留、改动都由翻译目的来决

[①] 黎敏,陈予. 功能翻译理论及其在我国发展研究述评[J]. 广西广播电视大学学报,2017,5:93—96.

[②] 马军军. 诺德"功能加忠诚"翻译原则指导下汽车项目管理文件翻译实践报告[D]. 天津:天津大学,2019.

[③] 熊兵. 翻译研究中的概念混淆——以"翻译策略"、"翻译方法"和"翻译技巧"为例[J]. 中国翻译,2014,3:82—88.

定,并不规定或者局限于某一种或某几种翻译技巧。具体说来,译者可以结合语篇的背景、翻译的目的、译文受众等相关因素进行源文本分析,根据具体情况灵活制定翻译策略,采取特定的翻译方法,以实现预期功能,从而达到翻译目的。

如第一章所述,非文学文本大多属于信息文本,强调文本内容的真实性,其特点是用语正式、措辞准确、内容全面、结构严谨、格式规范,通常带有专业术语,具有很强的功能性,而其目的则是告知读者所要表述的信息。因此,译者的任务是客观全面地向目标语读者传递原文所载信息,并且在目的文化背景下,实现源文本在源语文化背景环境中实现的功能。[①] 赖斯针对信息型文本翻译指出了两个翻译原则来选择翻译策略:第一,在内容上,要完整准确地传达出源文本内容;第二,在形式上,译文要以译入语为导向。[②] 信息型文本翻译的核心是忠实表述源文本内容,表达明确清晰,因此在此类文本的翻译过程中应以异化的翻译策略为主,并且采用直译的翻译方法;同时,鉴于中英两种语言在文化上的差异,考虑到目的语读者对于译文的接受程度及译文的可读性,赖斯也指出文本的功能类型不是唯一的,同一文本可能兼具几种功能,只是其中某一功能占据主导地位[③],因而,译者可以根据实际情况合理选择适用的翻译策略及翻译方法。

鉴于非文学文本功能目的明确,翻译时可从翻译纲要、原文分析、对翻译问题的分类三个方面进行分析。以《工程服务合同——电力系统设计与施工》为例。翻译纲要方面,该合同的预期功能是明确合同双方的权利义务,即目的语读者在阅读时可以清楚了解发包方享有的权利及工程师应承担的义务。原文分析方面,一是从文外因素来看。通过条款本身内容及特点,可以确定该合同的信息发送者为发包方,其用意是指明合同双方所要实现的共同利益,而该合同的信息接收者主要为固定读者,是发送者指定传递信息之人,所以要求能够精准翻译专业术语,以免产生歧义。此外,该合同传递的媒介,即向读者传递文本的手段为书面交流,因此,在翻译文本时需采用合适的翻译策略和方法使译文语言更严谨

[①] 尹世萍. 简析德国功能翻译理论在英文商务合同汉译的运用[J]. 北方文学(下半月),2012,3:92.

[②] Katharina Reiss. Type, Kind and Individuality of Text: Decision Making in Translation [J]. Poetics Today, 1981, 2(4): 121-131, 1981. Republished in Katharina Reiss. Type, Kind, and Individuality of Text: Decision Making in Translation [M]// Lawrence Venuti. The Translation Studies Reader. London and New York: Routledge, 2000: 160-171.

[③] Katharina Reiss. Translation Criticism: The Potentials and Limitations-Categories and Criteria for Translation Quality Assessment [M]. Manchester: St. Jerome Publishing, 2000.

连贯。二是从文内因素来看。该合同的主题单一,译者可通过直观分析合同的标题概括出其主题,从而确定能否胜任翻译任务,并做好充足的译前准备;同时,对内容的分析或多或少局限于词汇的分析[①],通过使用的词汇和语法结构中的语义信息来表达文本内容,因此,译者应以文本主题内容为参考依据,选取不同的翻译策略和方法,以期译文达到最理想的效果。

---

① 王晴.诺德文本分析视角下工程招标合同的英汉翻译研究[D].天津:天津理工大学,2020.

第四章 奈达的功能对等理论

一、功能对等理论概述

尤金·奈达是美国当代著名语言学家、翻译理论学家,他以《圣经》翻译为基础,融合美国结构主义语言学、社会语言学、符号学、信息学、交际学等,在20世纪60年代末提出了在等效原则之上的功能对等理论(functional equivalence),对中西方的翻译理论与实践研究产生了深远影响。功能对等的前身为动态对等,它由奈达在1964年出版的著作《翻译科学探索》中首次提出。奈达在书中将翻译划分为两种不同的对等:形式对等和动态对等。前者主要注重信息本身,"尽量从字面上和意义上传达原文形式和内容"[1];后者则注重效果相当,从而使译文读者和译文之间的关系与原文读者和原文的关系大体相同。同时奈达定义动态对等为"对源语信息最贴近的自然对等"[2];随后正式定义为一种"将源语信息转入译语,使译文读者反应与原文读者反应基本相似的翻译性质"。1969年,奈达把动态对等改为功能对等,并提出对等是多层次的;这里的"对等"不可理解为"等同",不可曲解为译文与原文效果完全一致;这里的"对等"可解为"近似",是不同程度上对功能等同的近似。[3] 这就要求译文在词汇意义、文体特色等诸层面尽可能地与原文保持一致,如"表达、认知、人际、信息、祈使、移情、交感、施变和审美"九大交际功能,从而达到"功能对等"。

二、功能对等的理论体系

从奈达整个理论建构来看,奈达倾向于描述和解释翻译的基本过程:解析信

---

[1] Eugene A Nida. Toward a Science of Translating [M]. 上海:上海外语教育出版社,2004.
[2] 同上书,第166页。
[3] Eugene A Nida. Language and Culture: Contexts in Translating [M]. 上海:上海外语教育出版社,2001.

息（decoding the message）→传递信息（transmitting the message）→生成信息（encoding the message）⟷翻译程序（translation procedures），这就形成了奈达的四个理论模块所构成的理论模式。① 在《语言与文化——翻译中的语境》一书中，奈达同样提及了这四个理论模块，即翻译的基本过程，着重对"分析信息"和"测试翻译"进行了理论描述。奈达指出："尽管这三个基本过程（指'分析原文''传递信息'和'生成信息'）可以被抽象出来，但是如果认为译者用三个阶段或者步骤来完成翻译，就大错特错了。所有的这三个阶段都是同时完成，并且很大程度上是无意识完成的。"②

对于"分析原文"，奈达采用了分析原文的词、句和语篇的指定意义（designative meanings）和联想意义（associative meanings）进行理论描述；而对于"测试翻译"，奈达采用功能对等进行解释。奈达认为，"通常来说，最好是从充分性幅度的角度来讨论'功能对等'，因为翻译从来不是完全对等的"。为了进一步说明充分性幅度问题，奈达提出了功能对等的幅度范围：从最小的、现实的功能对等到最大的、理想的功能对等。这实际上是指对原文的指定意义和联想意义的理解和欣赏的程度，因为奈达紧接着指出"话语交际过程中，总会存在一些损失和曲解，因为对于具有同样语音、词汇、语法和语篇特征的话语来说，绝没有两个对话者有几乎相同的指定意义和联想意义"③。如此，功能对等的概念就可以演绎为：最小的、现实的功能对等是指译文的读者可以想象原文读者是如何理解和欣赏原文的指定意义和联想意义的；而最大的、理想的功能对等指译文读者理解和欣赏译文的指定意义和联想意义的方式与原文读者理解和欣赏原文的指定意义和联想意义的方式一样。④

根据功能对等理论，在进行翻译时可遵循以下几项主要原则：

（1）努力创造出既符合原文语义又体现原文文化特色的译作。两种语言代表着两种完全不同的文化，文化可能有类似的因素，但不可能完全相同。因此，完全展现原文文化内涵的完美的翻译作品是不可能存在的，译者只能最大限度地再现源语文化。

（2）如果意义和文化不能同时兼顾，译者只有舍弃形式对等，通过在译文中改变原文的形式达到再现原文语义和文化的目的。例如，"It's no use talking to

---

① 黄远鹏. 再论奈达翻译理论中的"功能对等"[J]. 西安外国语大学学报，2010, 18 (04)：102.
② Eugene A Nida. Language and Culture: Contexts in Translation [M]. 上海：上海外语教育出版社，2001.
③ 同上书，第28—59页.
④ 黄远鹏. 再论奈达翻译理论中的"功能对等"[J]. 西安外国语大学学报，2010, 18 (04)：103.

him, for your word will go in one ear and out the other",这句话直译成汉语是"没用跟他讲,因为你的话会进一只耳朵,出另一只",显然无法为汉语读者理解和接受。只有舍弃形式对等,译为"跟他讲没有用,他总是左耳进、右耳出",才能再现原文的真正含义。

(3) 如果形式的改变仍然不足以表达原文的语义和文化,可以采用重创这一翻译技巧来解决文化差异,使源语和目的语达到意义上的对等。重创是指将源语的深层结构转换成目的语的表层结构,也就是将源语文章的文化内涵用译语的词汇来阐述和说明。例如,汉语比喻句"池子里捕鱼,太湖里放生",英译时即使改变形式也难以表达浓厚的中国文化以及抓小失大的语义,因此可采用具有金钱元素的英语成语"Penny wise, pound foolish"来表达。虽然喻体不同,但所蕴含的深层意义却基本相似,容易引起译文读者的共鸣。

三、功能对等的实现

基于上述分析,在解决具体翻译问题时,可以从四个方面达成功能对等:词汇对等、句法对等、篇章对等和文体对等。

(一) 词汇对等

词汇对等指一个词的意义在语言中的用法,包括其指定意义和联想意义。以"account"为例,该词在"I don't have a bank account"句中做名词,表示"账户"的意思,句子可译为"我没有银行账户";在"Their sleep is regularly disturbed by the sound of gunfire as criminal gangs settle their nightly accounts"句中也做名词,却表示"旧账,比喻以前的过失、嫌怨等"的意思,为了符合语境,可采用其联想意义,将"settle accounts"译成"火拼",句子可译为"他们经常被黑帮夜晚火拼的枪声吵醒";在"Ministers should be called to account for their actions"句中做动词,表示"解释"的意思,句子可译为"部长们应该对他们的行为作出解释"。由此可知,在翻译时不仅要了解每个单词在文章中所代表的意思,还要分析它的词性,在必要时应结合前后语境进行相关联想,译出的内容一定要符合彼时原文作者所要表达的心境,以求最大限度接近词汇的理想功能对等。

(二) 句法对等

句法对等指译者在进行句子翻译时,除了准确翻译单词,还要分析单词与单词之间的关系,并考虑句子相关的语法,如目的语言中是否具有相同的句子结构,若没有,则需要考虑改变形式甚至采用重创的翻译技巧。以合同中的一则条款翻译为例:

原文:This Contract is executed in two counterparts each in Chinese and English, each of which being deemed equally authentic.

译文:本合同一式两份,中英文各一份,每份合同同等有效。

【讲解提示】

"in two counterparts"及"each in Chinese and English"两个修饰成分并列,但修饰的对象并不相同,前者是针对"contract",后者则是针对"counterpart"。为了避免引起混乱和误解,可改变原句的形式,采用"分译法"将"each in Chinese and English"单独译出。如此,充分再现原文语义和协商目的。

(三) 篇章对等

篇章对等指翻译时除了分析语言本身,还要明晰语言在特定语境中所体现的意义和功能。所以,译者在翻译的同时必须对上下文有深度的理解。语篇对等包含三个方面:

(1) 上下文语境,即语篇的前后分别写的是什么,由此判断语义并进行语义的翻译转化;

(2) 情景语境,即该情境包含哪些意义,如参与交际的人和事、交际渠道以及参与者之间的相互关系和心理情感;

(3) 文化语境,即原文作者自身的文化时代背景,如语言运用的历史文化传统和社会文化背景等。

伯格兰德(Beaugrande)在 1978 年曾指出翻译的基本单位不是单词,也不是句子,而是语篇。[1] 这是明确提出"翻译基本单位是语篇"的最早论断之一。以语篇为基本翻译单位,可以避免因直译而造成的读者对译文的误解,能表达出语境的最突出意义。语篇是语言的使用单位,它与情景语境紧密联系,说话人生成的篇章需与情景一致和相称。在翻译中,译者将源语译成译语时不仅要实现基本语义的等值,还需做到风格相符,即译出原文语篇或话语风格语意。如:"中国有句古话:'不入虎穴,焉得虎子'。这句话对于人们的实践是真理,对于认识也是真理。"英译为:"There is an old Chinese saying: 'How can you catch tiger cubs without entering the tiger's lair?' This saying holds true for man's prac-

---

[1] Robert Beaugrande. Factors in a Theory of Translating[M]. Assen: Van Gercum, 1978.

tice and it also holds true for the theory of knowledge."虽然英语有句谚语"Nothing ventured, nothing gained"意思与直译基本相同,但本语篇中作者表明"中国有句古话",而"Nothing ventured, nothing gained"是句英语谚语,与原语篇不符,故而没有采用与原文风格更一致的直译。①

(四) 文体对等

文体对等指译者充分研究原文的风格意义和风格表现手段,使译语在源语的对应中力求在风格表现上做到"恰如其分"。翻译中的风格视文体而异,主要分文学翻译和非文学翻译两大种文体。文学翻译的对象是文学作品,包括小说、散文、诗歌、纪实文学、戏剧和影视作品。而非文学翻译的对象是文学作品以外的各种文体,如各种理论著作、学术著作、教科书、报刊政论作品、公文合同等。这种文体风格多严谨、正式,具有技巧性、操纵性。

以合同文本为例,这是一种法律文件,属于庄严性文体。翻译商务合同时应遵循准确严谨、规范通顺的原则。其中所谓的"规范",即指译文必须符合法律语言的特点,尽量体现出契约文体的特点。例如:

原文:The date of Bill of Lading shall be taken as the conclusive proof of the date of shipment, six (6) days grace shall be allowed for shipment earlier or later than the time agreed upon by the Parties. In the event of the goods for one order being shipped in more than one lot, each lot shall be deemed to be a separate sale on Contract.

译文:提单的日期应为交货日期的最后证明。双方允许交货比约定的时间早交或迟交六天。一次订货多于一批装运,那么,每批货应被当作合同的单独买卖。

改译:交货日期以提单所载日期为准,双方同意在合同约定的交货期的基础上,允许有前后六天的装运宽限期。若一次订货分批装运,则每一批货为合同项下的单独买卖。

【讲解提示】

对比两段译文,不难发现后者更专业、准确和规范。因为合同是正式程度较高的语体,这类体裁中所使用词语或句子结构的正式程度较高,专业性较强。本例英语原文中的斜体部分便是佐证,与之相对应,汉语译文也采用了正式程度较高或专业程度较强的表达来传达原文信息,改译后的译文中的画线部分即为

---

① 周建华. 功能对等与语篇翻译[J]. 网友世界,2014,9:152.

佐证。

　　本章概述了非文学翻译和文学翻译的区别,并介绍了卡特福德和雅各布森的翻译理论、功能主义翻译理论以及奈达的功能对等翻译理论,这些翻译理论对非文学翻译具有很强的指导意义。接下来,本书将分四个单元、九个章节按照不同的主题探讨翻译实践,每个章节包括翻译概述、文本语言特点、翻译基本原则、词汇翻译、句式翻译、篇章翻译、课后翻译练习等内容,涵盖高频非文学语篇话题,将精讲与精练相结合,以期全面提升读者在非文学材料方面的英汉双向转换能力。

第二单元
商务类文本

第五章　国际商务合同翻译

一、国际商务合同翻译概述

国际商务合同是国际商务中当事人确立商务关系、履行权利和义务以及解决纠纷的基本法律文件。此类合同具有涉外交易性质,因此通常采用中英文书面形式。无论采用何种书面形式,由于合同具有法律效力,合同双方必须严格按照合同的约定,全面履行合同义务,这就需要对合同的文字斟词酌句,力求准确无误。① 由于各类合同标的不同,合同性质各异,内容差距巨大,因而掌握通用合同条款的翻译,就成为合同翻译的基本技巧。本章将以国际商务合同为研究范本,对其语言特点进行分析,在此基础上讲授商务合同的基本原则,探索不同合同中各条款的用词、句式、语篇特点,总结商务合同的翻译规律。

二、国际商务合同的语言特点

(一) 词汇特点

首先,国际商务合同的词汇清晰准确。商务合同最重要的目的是要将贸易双方的意愿明晰地表达出来,因此商务合同在词汇的选择上首要的特点就是准确,同义词或近义词的微小差异都有可能造成合同的表述不明确,在众多商务合同的实例中我们可以看到,为了使合同表述得更加清晰和准确,作者一般不使用代词等省略手段,大量的名词和修饰词被频繁重复使用。

其次,国际商务合同中普遍运用专业术语。这是由国际贸易涉及领域广泛和商务合同种类繁多的特点所决定的。这些用来表达准确专业概念的词汇,内在和外在的含义都十分丰富。它们都是固定的、国际通行的词汇,具有意义单一、不可随意替换的特点,在商务合同中起着非常重要的作用。例如:追索权(right of recourse),本票(promissory note),不可抗力(force majeure),索赔

---

① 张法连. 大学法律英语教程[M]. 北京:外语教学与研究出版社,2014.

(claim)、保险费(premium)、贴现率、贴现(discount)、善意持票人(bona fide holder)等。

最后，缩略语也是国际商务合同内不可或缺的重要部分，缩略词属于派生词，其目的在于缩略、简化词语。通过分析研究标准的国际商务合同发现，可将国际商务合同内的缩略语粗略地分为三类：斜线、直接缩略和逗号隔开。其中最常见的缩略语为直接缩略语。多个词语的首字母组合在一起，常能构成一个缩略词，例如：WTO 是 World Trade Organization（世界贸易组织）的缩写，D/A 是 document against acceptance（承兑交单）的缩写，VAT 为 value added tax（增值税）的缩写。比较常见的缩略词还包括 POD、UN、APEC、CPT、DAF、OB、CFR、DEQ、FAS 等。

（二）句法特点

国际商务合同的相关内容与日常生活中的写作系统和写作内容大相径庭。相较于日常生活涉及的写作内容，商务合同的相关语法表达更具特殊性。

第一，分析句子结构，商务合同常用到完整句和祈使句；第二，分析词性选择，名词和动词常为不二选择。因为国际商务合同具有严肃性和严密性等特点，在制备合同时应选择具备明确表达式和丰富内容的名词。名词短语能显著缩短句子的长度，同时还能提升合同的有效性。由于动词数量较多，因而在拟定商务合同时，拟定起草者多将遇到的动词进行名词化处理。这种动词和名词间的处理技巧可体现英语的文本用词特点，同时也符合合同的严谨性特点。如在拟定商务合同时，会优先运用 delivery of the goods（输送货物），而不是运用 deliver the goods，前者属于名词性短语，后者属于动词性短语。使用名词性短语时，拟定合同者不必考虑词语的情感和时态，同时也增加了语句的正式程度；另外，选择动词时，为更好地体现商务合同所特有的正式性，人们通常倾向于选择复杂动词，如拟定合同中的"支付"一词，合同拟定者会用 make payment 替代 pay。

（三）语篇特点

一方面，商务合同关乎贸易双方的各项权利和义务能否被如约履行，它是一种有法律效力的文体，要求其内容的表述清晰准确、公正客观、语言得体并措辞严谨，因此为了达到这一要求，国际贸易中的商务合同在句法的使用上以陈述句、被动句和长句为主。陈述句的特点是叙述清晰、针对性强，被动句则能体现出文体的严谨性，而结构复杂的长句能够清晰地界定贸易双方的权利和义务，避免双方产生误解与歧义。

另一方面,国际商务合同中的英语是一种具备专门用途的英语,具有较强的功能性和目的性。因此,其语言和语篇模式有程式化的特点,作用如下:第一,对处在具备跨文化特点、跨语言特点的商务领域人群的语言和行为进行统一规范,以便他们更好地开展商务合作与交流;第二,借助语篇本身的礼貌和简洁等特点来展现国际商务往来双方的诚意,既节约交往时间,又提升活动效率。

三、国际商务合同翻译的基本原则

(一) 准确性原则

商务合同明确规定了合同双方的义务、权利、行为准则等条款,因此译文是否能够完整准确地传递原始合同内容将会影响当事人对合同条款的理解和执行力度,而译文的疏漏往往会引起误解甚至是纠纷。因此,"完整准确"是合同翻译的首要目标。

【例1】

原文:The date of receipt issued by transportation department concerned shall be regarded as the delivery of goods.

译文:由有关的运输机构开具收据的日期即被视为交货日期。

改译:由承运的运输机构开具收据的日期将视为交货日期。

【讲解提示】

原译文的表述不够准确。句中"concerned"按其字面意思翻译成"有关的"显得模糊笼统。根据合同内容进行具体分析后,可以看出,运输机构和合同货物之间是"承运"的关系。[①]

【例2】

原文:Payment: by irrevocable L/C at sight to reach the sellers 30 days before the time of shipment.

译文:支付:不可撤销的即期信用证装船前30天开到卖方。

改译:支付:买方应在装船前30天将不可撤销的即期信用证开给卖方。

【讲解提示】

原译文属于逐字翻译,内容不清楚,买卖双方的交付关系表达得也不严谨。

---

① 苏红,夏伟华.商务英语翻译教程[M].北京:电子工业出版社,2010.

（二）精练化原则

翻译商务合同文件还应遵循精练的原则,即用少量的词语传达大量的信息。简单、扼要的语言是订立合同最好的语言。翻译合同文件也应如此,应尽量做到舍繁求简,避免逐词翻译、行文拖沓。

【例 3】

原文: More than 80 percent of the 35000 commercial enterprises in Guangdong involve Hong Kong businessmen, with ICAC intelligence indicating many bribe with impunity, through lavish gifts, entertainment and kick-backs.

译文: 在广东省 35000 家商业机构中,超过 80% 与香港有生意上往来。廉署情报人员指出这些生意上的往来涉及许多贿赂罪行,然而这些罪行并没有受到法律的制裁。贿赂专案包括赠送贵重的礼物、提供高档的娱乐招待以及给予巨额的现金回扣。

改译: 在广东 35000 家商业机构中,八成以上有港商参与,而据廉署情报,其中存在许多未受惩处的贿赂罪行,包括给予贵重的礼物、高档的娱乐招待和巨额的回扣。

【讲解提示】

为了用少量词传达大量信息,比如同样表示超过 80%,中文里还有一种更通俗简练的说法,即"八成以上"。另外有部分起修饰作用的后置短语,如"with impunity"应直接以定语形式与前文中心词相连,如此可避免行文重复、拖沓。

【例 4】

原文: Incidental damages to an aggrieved seller include any commercially reasonable charges, expenses or commissions incurred in stopping delivery, in the transportation, care and custody of goods after the buyer's breach, in connection with return or resale of the goods or otherwise resulting from the breach.

译文: 给受损害的卖方带来的附带损失有:卖方因为停止交付货物、停止运输货物、停止保管货物、将货物退回或者转售而支出的任何商业上合理的费用或佣金,或者因为买方违约而支出的其他费用。

改译: 受损卖方的附带损失包括:买方违约后,卖方因停止交付、运输、保管货物,退还或转售货物而支出的任何商业上合理的费用或佣金,或因买方违约而支出的其他费用。

【讲解提示】

"停止交付""运输""保管"的宾语都为"货物",按照原文的句式直译即可,无须将"货物"重复三次。

(三) 规范化原则

语言规范化原则,主要是指在合同翻译中使用官方认可的规范化语言或书面语,以及避免使用方言和俚语。在合同文书的起草和翻译中必须强调采用官方用语,尤其是现行合同中已有界定的词语。

【例 5】

原文:Unless the contrary intention clearly appears, expressions of "cancellation" or "rescission" of the contractor the like shall not be construed as a renunciation or discharge of any claim in damages for an antecedent breach.

译文:除非明显存在相反的意思表示,否则"取消"或"解除"合同或类似表示不应被解释为放弃就前存违约所提出的索赔请求。[1]

【讲解提示】

原文中的"shall"在此不是表示"将来时",而是法律用语的一种语言形式,一般译为"应该"或"应";如果译为"将"则失去原文的风格和特征。

【例 6】

原文:For all employees, annual leave entitlements accrue during the probationary period but annual leave generally may not be taken during that period.

译文:所有员工的带薪年假试用期即开始累计,但通常试用期内不得休年假。

【讲解提示】

在表达禁止法律关系主体为某种行为时,汉语可用"严禁""禁止""不得""不能"等词;英语中除"prohibit"外,还可以使用"shall not""may not""must not""not allowed""can not""no one may/is…"等方式来表达。因此此句中"may not"不是表达"可能"的意思。

【例 7】

原文:No stockholder, however, shall be entitled to so cumulate such

---

[1] 国际商务合同翻译原则和方法[EB/OL].(2019-03-13)[2022-05-07]. https://baijiahao.baidu.com/s?id=1627869679638472311&wfr=spider&for=pc.

stockholder's votes unless (ⅰ) the names of such candidate or candidates have been placed in nomination prior to the voting, and (ⅱ) the stockholder has given notice at the meeting, prior to the voting, of such stockholder's intention to cumulate such stockholder's votes.

译文:但是,除非(ⅰ)该等候选人已在表决前被提名,并且(ⅱ)在表决前的会议中股东已发出通知告知其意图行使累积投票权,否则任何股东均无权行使累积投票权。

【讲解提示】

原文中出现了两处"cumulate",第一处以其形容词词性表示投票是"累积的",第二处以其动词词性表示意图"累积"投票,而中文里有一个官方认可的规范化专有名词"累积投票权"可以代指这两种表达,并结合语境灵活转化为"行使累积投票权"。另外,"be placed in nomination"也可以转化为"被提名"这一简练而规范化的表达方式。

四、国际商务合同的词汇翻译

(一) 古词语

商务合同英语中最常使用的古体词多为一些复合副词,最具特色的古体词形式为 here、there 以及 where 加上其他介词构成的类似单词。

here 代表 this。例如:hereinafter = later in this Contract; hereafter = following this; hereby = by this means or by reason of this; hereof = of this; hereto = to this; hereunder = under this。

there 代表 that。例如:thereafter = after that; thereby = by that means; therein = in that; thereinafter = in that part of a Contract; thereunder = under that part of a Contract; thereof = of that; thereto = to that。

where 代表 which,与介词组合,一般为关系副词,引出定语从句,如 whereof = of which。[1]

【例 8】

原文:Foreign trade dealers as mentioned in this Law shall, in accordance with the provisions hereof, cover such legal entities and other organizations as

---

[1] 张法连. 大学法律英语教程[M]. 北京:外语教学与研究出版社,2014.

are engaged in foreign trade dealings.

译文：根据本法规定,本法所指的对外贸易经营者,是从事对外贸易经营活动的法人和其他组织。

【讲解提示】

hereof 一般放在要修饰的名词后面,与之紧邻,在此处意为"of this law"。状语部分需要放在句子最前面翻译,译为"根据本法规定"。句子主语为"foreign trade dealers",谓语为"cover",宾语为"such legal entities and other organizations","as are engaged in foreign trade dealings"则是宾语的限定成分。

【例9】

原文：The Factories Act 1961 and the regulations made thereunder provide a detailed code governing the health, safety and welfare of workers in factories.

译文：《1961年工厂法》和据此而制定的规章,作出了有关厂内工人健康、安全和福利的详细规定。

【讲解提示】

"thereunder"在此处意为"under that",即"依照,根据……"。此外,"provide"在此处词义为"(法律或规则)规定"。

【例10】

原文：In witness whereof, the Parties hereto have executed this Contract in duplicate by their duly authorized representatives as of the date first above written.

译文：兹证明,合同双方授权各自代表,于上述首开日期签署本合同为据。本合同一式两份。

【讲解提示】

"in witness whereof"意为"兹证明,特此为证",通常用于合同签字页部分,证明协议内容已经以各方签字盖章的方式得到各方的认可。"hereto"则相当于"to this","the parties hereto"在此处意为"合同双方"。

(二) 情态动词

商务合同中,主要情态动词或使用频率最高的情态动词依次是"shall""may""must"和"should"。shall是英文合同中使用频率最高的一个词。不同于普通英语中的词义,在合同文件中shall表示强制性承担法律或合同所规定的义务,主要表示"指示性""施为性"含义和行使权利的"义务"和"责任"。合同条文的主句成分中的 shall，在汉语中有很多种译法。通常被译成"须""应"，有时被译成"应当"，也有时译成"要""将""可"，还有被译成"必须"，甚至被完全忽略不译的。may 则用于约定当事人的权利（可以做什么），没有任何义务的含义，不带有强制性，有时表示允许或许可，相当于中文的"可以""得"等含义。其否定形式 may not 用于禁止性义务（不得做什么），语气不如 shall not 强烈。should 在合同中往往作"if"解，只表示"如果"之意。

【例 11】

原文：The board meeting shall be called and presided over by the Chairman. Should the chairman be absent, the vice-chairman shall, in principle, call and preside over the board meeting.

译文：董事会会议应由董事长召集、主持；如董事长缺席，原则上应由副董事长召集、主持。

【讲解提示】

文中两个"shall"都是"有责任做，应该做"的意思，"should"则意为"如果"。

【例 12】

原文：If the Buyers fail to notify and/or forward full details within the period specified above, the Buyers shall be deemed to have waived their right to assert any claim.

译文：如果买方未能在上述规定期限内告知和（或）寄出完整的索赔资料，则买方应被视为放弃提出任何索赔的权利。

【讲解提示】

文中主语为"the buyers"，情态动词"shall"在此处意为"将"，对买方进行限定。

【例 13】

原文：The parties may conclude a contract through an agent in accordance with the law.

译文：当事人可依法委托代理人订立合同。

【讲解提示】

该句主语为"the parties"，情态动词"may"表示当事人之权利，在此处意为"可"。

【例 14】

原文：The contract letting party may enter into a construction project contract with a general contractor, or enter into a survey contract, design contract or construction contract with a surveyor, designer or constructor respectively.

译文：发包人可以与总承包人签订建设工程合同,也可以与勘测员、设计师或施工人分别签订勘测、设计或施工承包合同。

【讲解提示】

该句主语为"the contract letting party",情态动词"may"意为"可以",用于介绍发包人之权利,即签订建设工程、勘测、设计或施工承包合同。

【例 15】

原文：Should the verification conclusion contradict the conditions of an auction target stated in an auction contract, the auctioneer has the right to demand a change or rescind the contract.

译文：如果鉴定结论与委托拍卖合同所载拍卖标的的情况不符,则拍卖人有权要求变更或撤销合同。

【讲解提示】

"should"在合同中常常放在句子开头,相当于"if",表假设,意为"如果,万一"。

(三) 并列同义词、近义词

国际商务合同力求正式而准确,避免可能出现的误解或分歧,所以同义词(近义词)并列的现象十分普遍。有时候是出于严谨和杜绝漏洞的考虑,有时候也属于合同用语的固定模式。比如,terms 在合同中一般指付款或费用(手续费、佣金等有关金钱的)条件,而 conditions 则指其他条件,但是"terms and conditions"常常作为固定模式在合同中出现,就不宜分译成"条件和条款",而直接合译成"条款"。对于合同中出现的同义词、近义词、相关词的并列现象,翻译时应仔细考虑单词的内涵、合同文体和句法要求等相关因素。

【例 16】

原文：The amendments to or alteration of this contract become effect only after they are signed by parties hereto and approved by the original approving authorities.

译文：本合同的修改只有在合同双方签字且原审批机关批准之后,才会生效。

【讲解提示】

"amendments to or alteration of"是同义词,应译为"修改"。若逐字翻译,会使译文显得啰唆且难以理解。译者要掌握此类表达法,确保原文与译文所述意思规范、通顺。

【例 17】

原文：The contractor shall duly perform and observe all terms, provisions, conditions and stipulations of the said contract. All otherwise shall remain in full force and effect.

译文：承包人应切实履行并遵守上述合同的各项规定，否则这种义务将始终有效。

【讲解提示】

"terms, provisions, conditions and stipulations""force and effect"均是同义词，译为"各项规定""有效"即可。

【例 18】

原文：Both parties hereto hereby agree to willingly bind and obligate themselves to act and perform as follows…

译文：双方在此同意受本协议约束，执行以下条款……

【讲解提示】

"bind and obligate"是一对近义词，前者指约束，后者指具体负有什么样的义务，表示"使……有义务做"。

(四) 特定短语与词语的翻译

合同英语中有些词语的运用与其他文体的英语相比，也是有区别的。这些词语在国际商务合同中已形成固定的用法，体现出合同文本的独特风格。

1. unless otherwise——"除非"

该短语在国际商务合同中通常表示"除非"的意思，但比 if not 和 otherwise 正式。

【例 19】

原文：Unless otherwise expressly specified in the Contract, the Engineer shall have no authority to relieve the Contractor of any of his obligations under the Contract.

译文：除非在合同中有明文规定，否则工程师无权解除合同规定的承包人的任何义务。

【讲解提示】

该句中，"unless otherwise"表示"除非"，主语为"the engineer"，情态动词"shall"在此处意为"将"。

【例 20】

原文：Unless otherwise specified in the credit, banks will accept transport documents indicating the third party other than the beneficiary of the credit as the consignor of the goods.

译文：除非信用证另有规定，银行将接受表明以信用证受益人以外的第三人作为发货人的运输单据。

【讲解提示】

该句中，"unless otherwise"表示"除非"，主语为"banks"，"谓语"为"accept"，宾语为"transport documents"，"indicating…"用于修饰宾语。

2. pursuant to——"根据，依照"

此短语与国际商务合同中"in accordance with""under"的意思相似，可译为"根据，依照"。

【例 21】

原文：When, pursuant to the laws and approval from the relevant authorities, a limited liability company is converted into a company limited by shares, the total amount which shares are converted into shall be equivalent to the amount of the company's net assets.

译文：有限责任公司依法经批准变更为股份有限公司时，折合的股份总额应与公司的净资产额相当。

【讲解提示】

该句中，状语部分应放在句首翻译。"pursuant to"意为"依照"，主语为"the total amount"，情态动词"shall"意为"应"。

3. in respect of, in respect thereof——"关于"

此短语可译为"关于"，但比"about""concerning""as regards"更正式。其中 in respect thereof 在表示关于上文已提及的事项时使用。

【例 22】

原文：The contractor has included a claim in respect thereof in his Final Statement.

译文：承包人在其最终报表中已列入相关索赔事宜。

【讲解提示】

该句中，"in respect thereof"意为"关于"，修饰"a claim"。结合语境，宾语可译为"索赔事宜"。

【例 23】

原文：Bank charges in respect of transfers are payable by the first beneficiary unless otherwise specified by the bank. The transferring bank shall have no obligations to effect the transfer until such charges are paid.

译文：除非银行另有规定，有关转让的银行费用应由第一受益人承担。在付清此费用之前，转让行无办理转让的义务。

【讲解提示】

文中，"unless otherwise"表示"除非"，其引导的状语部分应于句首翻译。"in respect of"后接"transfers"，意为"有关转让的"，用于修饰主语"bank charges"。

4. in the event that, in the event of——"如果……发生"

【例 24】

原文：In the event that either party hereto fails to comply with the terms or conditions of this Agreement, and, within 90 days after the written notice is issued by the other Party hereto, fails to remedy such failure, the Party giving notice may, forthwith, notify the other Party of the matter in question and terminate this Agreement.

译文：若任何一方未能履行本协议规定的条款，并在收到另一方书面通知后90天内未对其不履行进行补救，发出通知的一方可立即通知另一方终止本协议。①

【讲解提示】

"in the event that"后接从句，意为"如果"，比"when"用法更正式。在例句中，用于说明"通知另一方终止本协议"的条件。

5. provided that——"但规定，规定；但是"

该词组常用于合同的某一条款需要作进一步规定时，或某一规定在语气上表示转折时。

【例 25】

原文：The Engineer may exercise such authority as is specified or necessarily implied in the Contract. Provided that if, under the terms and conditions of the appointment by the Employer, the Engineer shall be required to obtain

---

① 法律教育网[EB/OL]. [2022-05-07]. http://www.chinalawedu.com/falvyingyu/shewaiwenshu/yi20131116617004779176372.shtml.

the specific approval of the Employer before exercising any such authority, the details of the requirements in question shall be specified in the Contract.

译文：工程师可行使合同中规定的或必然默示的权力。但是，若根据雇主任命工程师的条款，工程师在行使任何该等权力之前必须获得雇主的特别批准，则有关要求的细节应在本合同中予以规定。

【讲解提示】

文中，"provided that"意为"但是"，采用的是法律文书中一种应用广泛的句型。其用法与"if"或"but"相似，通常放在句首。此处，用于引导条件分句，说明"在何种情况下需要于本合同表明此类要求的细节"。

6. be deemed——"被认为"

该短语是"be believed""be considered"的正式用语。

【例 26】

原文：In the absence of such indication, the Credit shall be deemed to be revocable.

译文：如无此表示，信用证应视为可撤销的。

【讲解提示】

该句中，主语为"the credit"，情态动词"shall"意为"应"，"be deemed"意为"被认为"。

7. in case, in (the) case of——"如果，一旦，万一"

【例 27】

原文：In case the quality, quantity, weight of the goods are not in conformity with the provisions of the Contract after arrival of the goods at the port of destination, the Buyer may, under survey report issued by an inspection organization agreed by the parties thereto, lodge claim with the Seller, with the exception, however, of those claims for which the insurance company and/or the shipping company shall be responsible.

译文：在货物抵达目的港后，如果发现其质量、数量或重量与合同规定的不符，买方可根据由双方同意的检验组织出具的检验证书，向卖方提出索赔。但是，应由保险公司或航运公司承担的损失除外。

【讲解提示】

文中，主语为"the buyer"。"in case"意为"如果"，用于介绍买方对卖方提出索赔的条件。

8. be liable for, be liable to——"负责"

【例 28】

原文:Party A shall not, under this guarantee, be liable for any direct or indirect loss whatsoever arising out of any defect in the parts or components thereof.

译文:根据本担保,甲方不应承担因零部件缺陷而引起的任何直接或间接损失的赔偿责任。

【讲解提示】

该句中,状语部分应于句首翻译,主语为"Party A",情态动词"shall"意为"应","be liable for"在此处则意为"为……负责,承担……责任"。

9. in testimony whereof, in witness whereof——"以此为证,特立此证"

作为正式性的体现,该短语常常在合同结尾条款中使用,重申合同的严肃性、重要性;在句子结构上起到承前启后的作用,以引出结语。①

【例 29】

原文:IN TESTIMONY WHEREOF, this Contract shall come into effect after the Contract in question is made and signed by the Parties hereto in duplicate, and either Party will hold one copy.

译文:兹证明,本合同由双方代表签字后生效,一式两份,双方各执一份。

【讲解提示】

"in testimony whereof"意为"兹证明,特此为证",通常用于合同签字页部分,证明协议内容已经以各方签字盖章的方式得到各方的认可。主语为"this contract",情态动词"shall"意为"应"。

【例 30】

原文:IN WITNESS WHEREOF, the Parties hereto have caused this agreement to be duly made and executed as of the day and year first written above.

译文:双方于协议文首所订日期,正式签署本合同,特此为证。

【讲解提示】

"in witness whereof"意为"兹证明,特此为证",该句主语为"the parties

---

① 商务英语翻译之合同翻译[EB/OL]. [2022-05-07]. https://wenku.baidu.com/view/ad9e0255ec630b1c59eef8c75fbfc77da26997bc.html.

hereto","hereto"在此处意为"to this"。

10. know all men by these presents, undersigned, now therefore

Know all men by these presents:根据本文件,特此宣布。

Undesigned:法律文件末尾的签名者,前面加定冠词the,是指文件签署者的自称。

Now Therefore:特此,因此。

【例31】

原文:KNOW ALL MEN by these presents that we (bank's name) having our registered office at ××(hereinafter called "the Bank") will be bound unto (the Owner's name) (hereinafter called "the Owner") in the sum of ×× for payment well and truly to be made to the said Owner, and the Bank will bind itself, its successors and assigns by these presents.

译文:根据本文件,兹宣布,我行(银行名称),其注册地点在(注册地名)(以下称银行),向(业主名称)(以下称业主)立约担保支付(金额数)的保证金。本保证书对银行及其继承人和受让人均具有约束力。

【讲解提示】

"know all men by these presents"意为"根据本文件,特此宣布",其中"by these presents"表示"根据本文件",句子主语为"we"。文中还有术语"the owner"表示"业主","assigns"表示"受让人"。

【例32】

原文:The undersigned Seller and Buyer have agreed to close the following transaction in accordance with the terms and conditions stipulated as follows.

译文:兹经签约的买卖双方同意,按下列条款,达成这笔交易。①

【讲解提示】

文中,主语"the undersigned seller and buyer"意为"签约的买卖双方","to close the following transaction"意为"达成这笔交易",而"in accordance with…"做状语。

---

① 国际商务合同中英文对照[EB/OL]. [2022-05-07]. https://wenku.baidu.com/view/1df0a8b46c175f0e7dd13727.html.

五、国际商务合同的句式翻译

(一) 陈述句

陈述句主要用于阐述、说明或解释客观事实。商务合同主要陈述和规定合同双方的权利和义务以及涉及的相关协议条款等方面的规定,一般情况下都使用客观平实的陈述句。

【例 33】

原文:Upon payment of the agreed sum, all of Buyers' rights and obligations shall terminate.

译文:在支付约定金额后,买方的所有权利和义务将终止。

【讲解提示】

翻译此句时,必须采取相应的中文陈述句,使译文和原文风格一致。

(二) 被动句

合同英语中被动语态的使用比较广泛。在不必说出合同所涉及的当事人的场合,或为了突出和强调行为动作的承受者以及便于行文上的连贯等,往往使用被动语态。合同英语中被动语态所表达的概念,译成汉语时大多采用主动语态表示。但在具体翻译的处理上,应采用较灵活的翻译技巧,做到在内容上忠实于原文,在语言形式上规范通顺。

【例 34】

原文:The goods are to be marked with our initials in a diamond.

译文:请在货物上刷上菱形,内印我公司名称缩写字母。

【讲解提示】

该句主语为"the goods","to be marked with…"意为"印刷,标示"。

【例 35】

原文:This Contract is made by and between the Buyer and the Seller, whereby the Buyer agrees to buy and the Seller agrees to sell the under-mentioned commodity according to the terms and conditions stipulated below.

译文:买卖双方同意按下列条款购买、出售下述商品,并签订本合同。

【讲解提示】

由 by 或 between 构成的被动句在合同中经常出现,为突出句中当事人发出的动作,翻译时应转为主动句。

【例 36】

原文:The cost of the non-returnable containers of the goods sold under this Contract is included in the prices herein specified.

译文:所定价格包括按照本合同所售装货用的一次性容器费。

【讲解提示】

为了符合中国人用语习惯和理解方式,将原文中的被动改为了主动。

(三) 条件状语从句

商务合同是贸易双方签订的正式书面法律文件,主要约定合同各方应享有的权利和应履行的义务,详细阐述发生纠纷、违约等情况的解决方法,但由于这些情况的发生具有一定的条件,因此常用大量的条件句对其进行限定。条件状语的使用是为了对合同中出现的条件和合同双方的权利与义务作出有效的规定和界定,以防止出现漏洞,造成法律和经济方面的不良后果。常用连词有 if、in case、in the event of、provide that、providing that、unless、should。它们都引导条件状语从句,但是,其表达的意义及侧重点不同,而且放置的位置也不尽相同。if、in case、in the event of 引导假设条件状语从句,译成"如果,假如",通常位于句子的开头,直接按中文的语序习惯翻译即可。provide that、providing that 表示假定的条件,在这类句式中,它们通常位于句中,意思表达比较强烈,译成"但前提是,条件是"等。

【例 37】

原文:If any change is required regarding the terms and conditions of this agreement, then both parties shall negotiate in order to find a suitable solution, provided that any change of this agreement shall be subject to the approval by the Chinese Government.

译文:本协议条款若需要修改,双方应协商解决,但对本协议的任何修改均须经中国政府批准。

【讲解提示】

"if"引导条件状语从句,对"双方应协商解决"的情况进行限定,在此处翻译为"若"。从句主语为"any change",采用了被动语态,翻译时可更换主语,化被动为主动。

【例 38】

原文:Unless otherwise specified in contract, the supplied goods shall be packed by standard measure.

译文：除非合同另有规定，（买方）提供的货物应按标准要求进行包装。

【讲解提示】

"unless otherwise"表示"除非"，句子主语为"the supplied goods"，情态动词"shall"在此处意为"应"，介词"by"在此意为"按照……"。

【例 39】

原文：In the event that the shipment should not be made within the time stipulated in the Contract, the BUYER shall have the right to purchase elsewhere and to charge the SELLER for any loss incurred, unless the delay in shipment is due to a Force Majeure event.

译文：若卖方未能在合同规定时间内进行装运，除非因不可抗力，则买方有权另购货物，并由卖方承担由此造成的损失。

【讲解提示】

"in the event that"引导的从句表示"一旦发生某种情况将会……"，"the shipment should not be made within the time stipulated in the Contract"表示这种情况为卖方未能在合同规定时间内进行装运，且要用 should 虚拟语气。

【例 40】

原文：Should an agreement not be reached within a reasonable time as per Buyer's judgement, BUYER shall instruct and SELLER shall proceed with the variation.

译文：若未能在买方认为的合理时间内达成协议，买方应指示卖方进行变更。

【讲解提示】

本句由"should＋主语＋动词原形"引导条件句，注意 should 在这里不是"应，应该"的意思，而是表示语气较强的假设。

【例 41】

原文：Unless otherwise provided in the Purchase Order, such prices shall be current market price.

译文：除《采购订单》另有规定外，此类价格应以当前市价计算。

【讲解提示】

"unless otherwise provided in"表示"除非……另有规定，否则……"。unless 是合同中使用频率较高的一个连词，通常译为"除……外，除非……"，此外还有 unless otherwise agreed/stipulated 等句型,或 unless+从句。

【例 42】

原文:Provided that Purchase Order conditions have been complied with, BUYER shall make payment to the account designated by SELLER within Sixty (60) days after receipt of the invoice.

译文:若符合《采购订单》条款,买方应在收到发票之日起六十(60)天内向卖方指定账户汇款。

【讲解提示】

"买方应(在某时间内)向卖方指定账户付款"这一义务的履行需满足前提条件,本句由"provided (that)"引导,表示"满足……情况的条件/前提下",可译为"倘若,若"等。

(四) 定语从句

合同英语句式一个突出特点是多采用以 which 和 as 两个关系代词引导的定语从句。as 引导非限制性定语从句,翻译为"正如,按照";从句位置可置于主句之前或之后,有时也可以作为插入语置于句中。which 引导的定语从句只能放在先行词之后。

【例 43】

原文:"Licensed Products" are any and all the products as listed in Schedule X attached hereto and all improvements in such products which may be developed by licensor during the Effective Period.

译文:"特许产品"的含义是指合同附表 X 中所列的所有产品和许可方在合同有效期内可能对这些产品做的全部改进。

【讲解提示】

句中的"which"引导的限制性定语从句,其先行词为"all improvements"。

【例 44】

原文:The Seller shall not be responsible for the delay of shipment or non-delivery of the goods due to Force Majeure, which might occur during the process of manufacturing or in the course of loading or transit.

译文:凡在制造或装船运输过程中,因不可抗力致使卖方不能或延迟交货时,卖方不负责任。

【讲解提示】

此句中的"which"引导的是一个非限制性定语从句。

(五) 长难句

为了确定合同双方的权利与义务,避免曲解、误解或歧义,英文商务合同往往采取结构复杂的长句。在英文合同中,往往出现多个状语从句和/或定语从句,或其他修饰成分,对主句的意义进行解释或补充。鉴于英汉两种语言的表达方式不同,译员不可直接将此类长句翻译成类似的汉语句型,而应适当切分句子,充分理解句子的意思,厘清句子的层次和逻辑关系,找出句子的主干成分,然后再采取拆句、分译、调整语序等翻译方法对原句进行处理。

【例 45】

原文:The Buyers may, within 15 days after arrival of the goods at the destination, lodge a claim against the sellers for short-weight being supported by Inspection Certificate issued by a reputable public surveyor.

译文:货物抵达目的港 15 天内,买方可以凭有信誉的公共检验员出示的检验证明向卖方提出短重索赔。

【讲解提示】

这是一个简单长句,其主干为"The Buyers may…lodge a claim…"。修饰谓语动词的状语有三个:(1) 时间状语:"within 15 days after arrival of the goods at the destination";(2) 方式状语:"being supported by Inspection Certificate issued by a reputable public surveyor";(3) 目的状语:"for short-weight"。状语中还有状语,做定语的分词"issued"还有自己的状语"by a reputable public surveyor"。众多状语尽管在英语中的位置十分灵活,然而按照汉语的行文规范,方式状语一般应位于动词之前;而有些状语在译文中可以灵活处理,例如本句中的时间状语,可以提前至句首。

【例 46】

原文:"Vendor" shall mean the person to whom the Purchase Order is issued, who shall be deemed as an independent contractor and shall supply the Materials and/or perform the Works at its sole risk and account, and include its legal successors and/or assigns.

译文:"销售商"系指采购订单的接受人。销售商必须被视作独立的承包商,必须独立承担提供材料和/或实施工程的风险和费用。销售商包括其合法接任者和/或代理人。

第五章 国际商务合同翻译

【讲解提示】

分析句子后可发现,本长句的三个分句分别就"vendor"叙述了其定义、特性和范围,原句冗长,译文可将三个分句进行拆分,分别冠上相同主语,便于读者理解。本句共有两个定语,用于修饰"the person",在第二个从句中,"who"作为主语拥有三个并列的谓语动词,因此在翻译时必须切分句子,并适当添加主语。

【例 47】

原文:The Buyer shall have the right to claim against the Seller for compensation of losses within 60 days after arrival of the goods at the port of destination, should the quality of the goods be found not in conformity with the specifications stipulated in the Contract after re-inspection by the China Commodity Inspection Bureau and the Buyer shall have the right to claim against the Sellers for compensation of short-weight within 60 days after arrival of the goods at the port of destination, should the weight be found not in conformity with that stipulated in the Bill of Lading after re-inspection by the CCIB.

译文:经中国商品检验局复检后,如果发现货物质量与本合同的规定不相符,买方有权于货物到达目的港口后的 60 天内向卖方提出索赔。经商检复检后,如果发现货物重量与提单所示不相符,买方有权于货物抵达目的港口后的 60 天内向卖方提出短重索赔。

【讲解提示】

原文较长,分析句子后发现,主要有两项内容,以中间的"and"为界限将原句拆分为两个语句进行翻译。第一句,原文中"should"引导的条件状语从句根据中文的表达习惯,提至主句前;"stipulated"分词短语修饰"specifications",定语提前翻译;两处"after"引导的时间状语根据中文习惯提前翻译。第二句总体结构与第一句相同。

【例 48】

原文:If a Party breaches any of the representations or warranties given by it in Articles 18.1 or repeated in 18.2, then in addition to any other remedies available to the other party under this contract or under Applicable Laws, it shall indemnify and keep indemnified the other Party and the company against any losses, damages, costs, expenses, liabilities and claims that such Party or the Company may suffer as a result of such breach.

译文：如果一方违反任何其根据第 18.1 条或第 18.2 条所作的陈述及担保或重述，则另一方可根据本合同或适用法律寻求任何其他救济，此外，违约方应当赔偿另一方或合营公司因此种违反而招致的任何损失、损害、成本、开支、债务或赔偿金。

【讲解提示】

本长句主要有三层内容："if"引导的条件状语从句中，"given"分词修饰"representations or warranties"；"in addition to"短语表示补充情况，"available"短语修饰"remedies"；"it"引导主句，"that"引导定语从句修饰"losses, damages, costs, expenses, liabilities and claims"。根据中文表达习惯，后置的修饰大多都可提前至主语前做定语。

六、国际商务合同的篇章翻译

商务合同的文本特征对商务合同的翻译也起到了重要作用，翻译人员必须了解需要翻译的合同有何特点。商务合同的文本特征可以概括为三个方面：条理性、规范性和专业性。其一，条理性。合同文体的基本体式即为纲目、条款和细则，因此条理性译文是重要的基本特征之一。其二，规范性。商务合同的措辞要运用正式文体，包括一些正式词汇和专业术语，不允许语言文字上的随意性。其三，专业性。商务合同专业性很强，涉及金融、商贸、关税、海关等很多领域，一个商务合同即为多领域专业知识的组合文本。

（一）合同的构成部分 (Structure of Contract)

国际商务合同按照其重要性与繁简程度不同，分为正式合同、协议、确认书等书面形式，也可以采用口头或其他形式。书面正式合同一般包括以下几个部分：合同名称 (title)；前文 (preambles)；订约日期 (date of signing)；订约当事人 (signing parties)；订约地点 (place of signing)；订约缘由 (recitals or Whereas clauses)；本文 (body)；定义条款 (definitions)，具体条款 (specific conditions)，一般条款 (general conditions)，合同的有效期 (duration)，合同的终止 (termination)，不可抗力 (force majeure)，合同的让与 (assignment)，仲裁 (arbitration)。

(二) 国际商务合同中英文对照

销 售 合 同
SALES CONTRACT

编号：Contract No.： 日期：Date：
签约地点：Signed at：
卖方：Sellers：
地址：Address：
邮政编码：Postal Code：
电话：Tel： 传真：Fax：
买方：Buyers：
地址：Address：
邮政编码：Postal Code：
电话：Tel： 传真：Fax：

兹确认售予买方下列货品，其成交条款如下：
The Seller hereby confirms selling the following goods on terms and conditions specified as follows：

(1) 品名、规格 Commodities Name & Specifications	数量(米) Quantities (Meters)	单价(美元) Unit Price (USD)	总值(美元) Total Amount (USD)
(2) 总额 TOTAL AMOUNT			

(3) 公差：数量及总值均有____%的增减，由卖方决定。
Tolerance：With ____% more or less both in amount and quantity allowed at the seller's option.

(4) 原产地：
Country of Origin：

(5) 付款方式：30%预付，70%发货前一周付清。
Payment terms：30% deposit，70% payment within one week before de-

livery.

　　(6) 交货时间：收到预付款后 15 天内完成装运。

Time of shipment: Within 15 days after deposit received.

　　(7) 贸易方式：FOB Shanghai。

Terms of Shipment: FOB Shanghai.

　　(8) 包装：胶合板木盘外封铁皮。

Packing: Plywood drum with steel sheet cover.

　　(9) 保险：由卖方按发票全额110％投保至_____为止的_____险。

Insurance: To be effected by seller for 110％ of full invoice value covering ____ up to ____ only.

　　(10) 装运口岸：中国上海港。

Port of Loading: Shanghai Port, China.

　　(11) 转运：允许。

Transshipment: Allowed.

　　(12) 分批装运：允许分批装运。

Partial Shipment: Allowed.

　　(13) 目的口岸：

Port of Destination:

　　(14) 唛头：

Shipping Marks:

　　(15) 单据：

Documents:

　　(16) 品质与数量、重量的异议与索赔：

Quality/Quantity Discrepancy and Claim:

　　(17) 逾期发运：如果由于买方原因造成逾期发运，买方承担责任。造成自签订合同之日起超过 45 天不能发运的，卖方将每日按货物金额的 3％收取保管费；如果由于买方原因造成逾期发运超过 6 个月，卖方有权自行处置定金和货物。如果是卖方原因造成的逾期发运，卖方需提前告知买方并得到买方的确认并承担其他相关费用。

LAST SHIPMENT: If the late delivery is caused by the buyer, the buyer shall bear the responsibility. If the delay has been made more than 45 days from the signing of the Sales Contract hereof, the buyer shall pay 3％ of total amount each day, and if the delay is more than 6 months, the Seller has the right to dispose the down payment and the goods. If the late delivery is caused by the Seller, the Seller shall inform the Buyer in advance and get confirmation from the Buyer, and the related expense shall be borne by the Seller.

(18) 质量/数量异议：对于质量方面的异议，买方必须在货物抵达目的港后 30 天之内提出；对于数量方面的异议，买方必须在货物抵达目的港后 15 天之内提出。对由于保险公司、运输公司、其他运输机构或邮局的原因所造成的货物差异，卖方不负任何责任。

QUALITY/QUANTITY DISCREPANCY: In case of quality discrepancy, claim shall be filed by the Buyer within 30 days after the arrival of the goods at port of destination; while for quantity discrepancy, claim shall be filed by the buyer within 15 days after the arrival of the goods at port of destination. It is understood that the Seller shall not be liable, for any discrepancy of goods shipped due to causes for which the Insurance Company, Shipping Company, other transportation organization or Post Office are liable.

(19) 不可抗力：卖方对由于下列原因而导致不能或暂时不能履行全部或部分合同义务的，不负责任：水灾、火灾、地震、干旱、战争或其他任何在签约时卖方不能预料、无法控制且不能避免和克服的事件。但卖方应尽快地将所发生的事件通知对方，并应在事件发生后 15 天内将有关机构出具的不可抗力事件的证明寄交对方。如果不可抗力事件之影响超过 120 天，双方应协商合同继续履行或终止履行的事宜。

FORCE MAJEURE: Seller shall not be responsible for failure or delay in performance of entire or portion of these Sale Contract obligations in consequence of Force Majeure incidents: flood, fire, earthquake, drought, war, or any other matter that couldn't be foreseen or controlled or couldn't be avoided. But Seller shall inform the incidents to Buyer immediately, and shall deliver the certificate of Force Majeure incidents issued by related organization within 15 days after the incidents happened. If the incidents influence more than 120 days, both parties shall negotiate to decide whether to execute or terminate the Sales Contract.

(20) 仲裁：因履行本合同所发生的一切争议，双方应友好协商解决，如协商仍不能解决争议，则应将争议提交中国国际经济贸易仲裁委员会（北京），依据其仲裁规则仲裁。仲裁裁决是终局的，对双方都有约束力。仲裁费应由败诉一方承担，但仲裁委员会另有裁定的除外。在仲裁期间，除仲裁部分之外的其他合同条款应继续执行。

ARBITRATION: All disputes across from the execution of, or in connection with this Sales Contract shall be settled friendly through negotiation. In case no settlement can be reached, the case shall then be submitted to China International Economic and Trade Arbitration Commission, Beijing, for arbitration in accordance with its provisional rules of procedure. The result of arbitration shall be borne by the losing party except for the condition the Commission has other judgment. During the arbitration period, clauses beside of the arbitrated parts shall be executed.

(21) 本合同为中英文对应,一式两份,买卖双方各执一份;合同自卖方签字盖章、买方签字后生效(传真件以及扫描件具有正版相等法律效力)。

The Sales Contract is concluded in Chinese and English with the same effectiveness, and will come into effect on stamp of Seller and signing by Buyer. The Sales Contract is in dual original and each party shall have one original copy of this Sales Contract. (Any scanned and faxed copy shall have the same legal effect as the original one.)

(22) 备注:Remark:

买方确认签署:　　　　　　　　　卖方确认签署:

For and on behalf of Buyer:　　　　For and on behalf of Seller:

七、课后翻译练习

1. 将下列段落翻译成汉语

(1) The Employer hereby covenants to pay the Contractor in consideration of the execution and completion of the Works and the remedying of defects therein the Contract Price or such other sum as may become payable under the provisions of the Contract at the time and in the manner prescribed by the Contract.

(2) The formation of this Contract, its validity, termination, interpretation, execution and settlement of any disputes arising thereunder shall be governed by the laws of the People's Republic of China.

(3) Without prior written approval, no Party shall assign any and all of its rights and interests and delegate its responsibilities under this Agreement to

any third party.

(4) This Agreement constitutes the entire agreement between the parties with respect to its subject matter, and no variation of this Agreement shall be effective unless made in writing and signed by all of the parties.

(5) Now Therefore, in consideration of the premises, and the representations, warranties, covenants, and undertakings of the parties hereinafter set forth, and for other good and valuable consideration, the parties agree among themselves as follows.

(6) If any term or provision of this Agreement shall become or be declared illegal, invalid or unenforceable for any reason whatsoever, such term or provision shall be severed from this Agreement and shall be deemed to be deleted from this Agreement; provided that if such deletion materially affects or alters the basis of this Agreement, the parties shall negotiate in good faith to amend and modify the provisions and terms of this Agreement as may be necessary or desirable in the circumstances.

(7) In the event that Licensor or Licensee becomes aware of an actual or threatened infringement of a Patent anywhere in the Territory, that party shall promptly notify the other party in writing. Licensor shall have the right but not the obligation to bring, at its own expense, an infringement action against any third party and use Licensee's name in connection therewith and to name Licensee as a party thereto.

(8) Notices required or permitted under this Contract shall be effective if given in writing, written in English, sent by registered airmail, or by telex or facsimile confirmed by registered air mail letter, return receipt requested, addressed as follows; unless otherwise specified in this Contract, notices shall be effective from the date of receipt of the telex or facsimile or in the event a telex or facsimile is not received, eight (8) days after the service of the registered letter.

2. 将下列段落译成英语

（1）不可抗力事件发生地的商会或其他有关部门出具的证明，应足以证明不可抗力事件的存在和延续的时间。

（2）任何一方均可将其在公司注册资本中的全部和部分出资转让给第三方，但该等转让首先须经董事会一致通过及审批机构的批准，并符合本条的规定。

（3）甲方在法律上有充分的权利、权力和权限签署和交付本合同及本合同中提及的该方为一方的所有协议和文件，遵守并履行本合同及该等协议和文件规定的义务。

（4）本合同双方，_____公司（以下称甲方）与_____公司（以下称乙方），在平等互利基础上，通过友好协商，于____年____月____日在中国_____（地点），特签订本合同。

（5）尽管有上述规定，如果一方将其全部或部分注册资本转让给一家关联公司，另一方则在此放弃其优先购买权。各方进一步同意促使其向董事会委派的董事投票赞成该等拟议的转让。如果由于甲方进行公司重组而将其在合作经营企业中的股权转让给其新成立的关联公司之一（"甲方关联公司"），则甲方应向乙方提供书面保证，确保甲方关联公司履行本合同项下的义务。

（6）如果甲方实质性违反合同，乙方或其权益承继人有权中止本合同或要求得到损害赔偿。如果乙方实质性违反本合同，甲方经发出书面通知，有权要求乙方在收到书面通知后十五(15)天内改正违约行为。如果乙方在十五(15)天期限内未予改正，甲方则有权解除合同并要求得到违约赔偿。

（7）设立有限责任公司、股份有限公司，必须符合本法规定的条件。符合本法规定的条件的，登记为有限责任公司或者股份有限公司；不符合本法规定的条件的，不得登记为有限责任公司或股份有限公司。

（8）除非另有明确表示，则由于执行本协议所引发或与本协议有关的协议双方的所有争议、纠纷或歧义，以及任何违约及过失（包括但不限于有关本协议存续的争议、仲裁条款有效性的争议），如不能以友好协商的方式解决，则提交仲裁。

3. 将下列文本译成英文

（1）

本条例所称外资金融机构，是指依照中华人民共和国有关法律、法规的规定，经批准在中国境内设立和营业的下列金融机构：

① 总行在中国境内的外国资本银行（以下简称外资银行）；

② 外国银行在中国境内的分行（以下简称外资银行分行）；

③ 外国的金融机构同中国的金融机构在中国境内合资经营的银行（以下简称合资银行）；

④ 总公司在中国境内的外国资本的财务公司（以下简称外资财务公司）；

⑤ 外国的金融机构同中国的金融机构在中国境内合资经营的财务公司（以

下简称合资财务公司)。

(2)

甲方义务

① 甲方须按时将厂房及附属设施(详见附件)交付乙方使用。

② 厂房设施如因质量原因、自然损耗或灾害而受到损坏,甲方有修缮并承担相关费用的责任。

③ 甲方应确保出租的厂房享有出租的权利,反之如乙方权益因此遭受损害,甲方应负赔偿责任。

乙方义务

① 乙方应按合同的规定按时支付租金及保证金。

② 乙方经甲方同意,可在厂房内添置设备。租赁期满后,乙方将添置的设备搬走,并保证不影响厂房的完好及正常使用。

③ 未经甲方同意,乙方不得将承租的厂房转租,并爱护使用该厂房,如因乙方过失或过错致使厂房及设施受损,乙方应承担赔偿责任。

④ 乙方应按本合同规定合法使用该厂房,不得擅自改变使用性质。乙方不得在该厂房内存放危险物品。否则,如该厂房及附属设施因此受损,乙方应承担全部责任。

⑤ 乙方应承担租赁期内的水、电、煤气、电信等一切因实际使用而产生的费用,并按单如期缴纳。

⑥ 乙方自行委托物业管理公司对承租的物业进行管理并签订《物业管理协议》,物业管理费自行承担。

⑦ 乙方若需要对租赁物业进行装饰装修、制作外墙广告等,必须经过甲方的同意。

【参考译文】

1. 将下列段落翻译成汉语

(1) 业主特此立约保证在合同规定的期限内,按合同规定的方式向承包人支付合同价,或合同规定的其他应支付的款项,以作为本工程施工、竣工及修补工程中缺陷的报酬。

(2) 本合同的订立、效力、解释、履行和合同争议的解决,均受中华人民共和国法律的管辖。

(3) 未经事先允许,任何一方不得将其在本协议项下的任何和全部权利和权益让与及将其在本协议项下的责任委托给第三方。

（4）本协议构成双方关于本协议标的的完整协议，对本协议的任何修改，只有通过书面形式并经双方签字后方能生效。

（5）鉴于上述事实和各方在下文所作的陈述、保证、立约和承诺，及其他有效的有价约因，现各方达成协议如下。

（6）如果因任何原因本协议的任一条款或规定变为或被宣布为不合法、无效或不可执行，该条款或规定须与本协议分离，且被视为从本协议中删除。但如果删除该条条款或规定会实质性影响或改变本协议的基础，双方应以诚信的态度进行谈判，以期在必要或可取的情况下对本协议的规定和条款进行修改和变更。

（7）如果许可方或被许可方得知区域内任何地方实际发生或拟将发生的专利侵权行为，该方应立即书面通知另一方。许可方有权利但无义务针对任何第三方提起侵权诉讼，并在诉讼中使用被许可方的名称，以及指定被许可方为诉讼的当事人，诉讼费由许可方负担。

（8）本合同所要求或允许的通知，应以英文书写的书面形式，用航空挂号信邮寄，或用电传或传真发出，以航空挂号信确认，并随附回执，寄至下列地址方能生效。除非本合同另有规定，通知自电传或传真之日起生效，或者在未收到电传或传真的情况下，挂号信寄出后，八（8）天生效。

2. 将下列段落译成英语

（1）A certificate issued by the Chamber of Commerce or other appropriate authority where such circumstances occur shall be sufficient proof of the existence of such circumstances and their duration.

（2）Either Party may transfer all or part of its registered capital contribution to the Company to any third party, provided that it first obtains the unanimous approval of the Board and the approval of the Approval Authority and complies with the provisions of this Article.

（3）Party A has full legal right, power and authority to execute and deliver this Contract and all of the agreements and documents referred to in this Contract to which Party A is a party and to observe and perform its obligations hereunder and thereunder.

（4）This Contract is hereby made and concluded by and between Co. (hereinafter referred to as Party A) and Co. (hereinafter referred to as Party B) on (Date), in (Place), China, on the principle of equality and mutual benefit and through amicable consultation.

(5) Notwithstanding the foregoing, a Party hereby waives its preemptive right in the case of any assignment of all or part of the other Party's registered capital to an affiliate of the other Party. Each of the Parties further agrees to cause the director(s) it has appointed to the Board of Directors to vote in favor of any such proposed assignment. If, as a result of its corporate restructuring, Party A transfers its equity interest in the CJV to one of its newly-founded affiliates ("Party A Affiliate"), Party A shall provide Party B with a written assurance guaranteeing the performance of the obligations under this Contract by Party A Affiliate.

(6) If Party A materially breaches this Contract, Party B or its successor in interest is entitled to terminate this Contract or claim damages for the breach of contract. If Party B materially breaches this Contract, Party A is entitled to request Party B, by issuing a written notice, to redress the breach within fifteen (15) days upon receiving such notice. If Party B fails to redress the breach within the fifteen(15)-day period, Party A is entitled to rescind the Contract and claim damages for the breach of contract.

(7) The establishment of a limited liability company or a company limited by shares shall comply with the conditions and provisions of this Law. A company complying with the conditions and provisions hereof may be registered as a limited liability company or a company limited by shares. Provided that if a company fails to comply with the conditions and provisions hereof, the company in question shall not be registered as a limited liability company or a company limited by shares.

(8) Unless otherwise expressly provided for herein, if all disputes, controversies or differences arising out of or in relation to the execution of this Agreement between the Parties hereto, or any breach or default of the provisions hereof (including but not limited to, a dispute concerning the existence or continued existence of this Agreement, and the validity of the Arbitration Clause) fail to be settled amicably, the disputes, controversies or differences in question shall be submitted for arbitration.

3. 将下列文本译成英文

(1)

Financial institutions with foreign capital mentioned in these Regulations refer to the following financial institutions that are established and operate in China upon approval in accordance with the relevant laws and regulations of the People's Republic of China:

(ⅰ) Subsidiary banks incorporated by foreign capital whose head offices are in China (hereinafter referred to as foreign banks);

(ⅱ) Branches of foreign bank in China (hereinafter referred to as foreign bank branches);

(ⅲ) Banks incorporated jointly by foreign and Chinese equity institutions (hereinafter referred to as equity joint-venture banks);

(ⅳ) Finance companies incorporated by foreign capital whose head offices are in China (hereinafter referred to as foreign finance companies); and

(ⅴ) Finance companies incorporated jointly by foreign and Chinese financial institutions (hereinafter referred to as equity joint-venture finance companies).

(2)

Obligations of party A

(ⅰ) Party A will provide the premises and attached facilities (see the appendix of furniture list for detail) on schedule to party B for using.

(ⅱ) In case the premise and attached facilities are damaged by quality problems, natural damages or disasters, party A will be responsible to repair and pay the relevant expenses.

(ⅲ) Party A will guarantee the lease right of the premises. Otherwise, party A will be responsible to compensate party B's losses.

Obligations of party B

(ⅰ) Party B will pay the rental, the deposit and other expenses on time.

(ⅱ) Party B may decorate the premises and add new facilities with party A's approval. When this contract expires, party B may take away the added facilities which are removable without changing the good conditions of the premises for normal use.

(ⅲ) Party B will not transfer the lease of the premises without party A's approval and should take good care of the premises. Otherwise, party B will be responsible to compensate any damages of the premises and attached facilities caused by its fault and negligence.

(ⅳ) Party B will use the premises lawfully according to this contract without changing the nature of the premises and storing hazardous materials in it. Otherwise, party B will be responsible for the damages caused by it.

(Ⅴ) Party B will bear the cost of utilities such as water, electricity, gas, telephone communications etc. on time during the lease term.

(ⅵ) Party B will sign the agreement of premises management with the management company which was employed by party B itself, and bear the management itself.

(ⅶ) Without the approval of party A, party B can't decorate the premises, make advertisement etc. on the outer wall.

第六章 外贸函电翻译

一、外贸函电翻译概述

国际商务活动日益频繁,经济贸易合作领域不断扩大,外贸函电作为信息的使者、感情的纽带和友谊的桥梁,贯穿着从建立业务关系到达成交易的各个环节。它不同于其他文本类型,有其自身的特征。作为商贸活动的主要交际渠道之一,外贸函电的功能呈多样化,如传递并保存商贸信息、作为合同或协议的支撑材料、作为公司内部资料归档等。此外,商务函电翻译涉及询购、复函与报价、认购与确认、保险、包装、运输、信用证付款及其他付款方式、投诉与处理、代理等国际实务贸易的各个环节。如果函电在翻译的任何一个环节出错,将会引发严重的后果。因此要想在外贸函电中翻译出高水平的译文,就要求翻译工作者能够理解并正确把握外贸英语函电语言特点与翻译的对策技巧。

二、外贸函电的语言特点

(一) 词汇特点

首先,商务函电的用词必须要礼貌、体贴,因为商务函电主要是对外贸易中的相关翻译,接触的大多都是外籍商务人士,在商务交流和沟通中,礼貌的用词和体贴式的问候可以体现我国工作者的基本素质,得体的措辞可以拉近双方之间的距离,为商务谈判赢得有利的局势,也是双方合作的基础。因此在商务函电的交流和沟通过程中,第一人称、第二人称以及褒义词经常出现,既表示了对对方的尊重,又体现了我们的体贴、礼貌。

【例1】

原文:Dear Mr. Liu,We have the pleasure of informing you that…

译文:尊敬的刘先生:兹欣告贵方……

【讲解提示】

典型的商务函电问候语,"我高兴地通知"相比"兹欣告"更为口语化,"贵方"是"您"的商务尊称。

【例 2】

原文:We are greatly obliged for your bulk order just received.

译文:收到贵方大宗订货,我方万分感激。

【讲解提示】

这些礼貌、客气的词汇往往能起到良好的沟通效果。

其次,商务函电中涉及的商务用语必须要专业。商务活动涉及的行业领域比较多,在商务沟通交流过程中除了基本行业用语之外,还涉及资金、法律、运输、财务、保险等其他行业领域的专业性商务用语,因此在商务函电的沟通和交流中必须要使用专业性术语和词汇,这样才能准确地表达出所要传递的信息,并使对方能够正确地理解。然而在实际的商务会谈中,也有一些经常出现的词汇,已经深入商务人士的日常交流中,成为一种交流的习惯。例如,保险术语:偷窃、提货不着险 TPND(Theft, Pilferage and Non-Delivery);金融术语:破产清理价格评估(breakup valuation);习惯术语:承兑交单 D/A(documents against acceptance);等等。这些都是普通英语中较少出现的,商务函电翻译人员也需要掌握和了解。

最后,商务函电用词准确简洁。因为在商务会谈中,会谈的时间一般不会很长,为了节省会谈的时间,商务函电的用词必须要准确,句子要简洁明了,能够使对方准确地了解我们要传达的信息。这也是双方会谈所希望实现的。如果在商务函电的交流和沟通中,使用了模糊不清、意思不明或产生歧义的词语,会给对方造成困扰,使得对方无法准确地了解我们所要传达的意图,甚至给双方的合作造成矛盾。因此作为商务函电书写的作者,应该避免使用这一类词语,尽量使用通俗易懂的词汇。

(二)句法特点

1. 句子表达固定

商务函电翻译不同于文学和其他文体翻译。文学翻译要保持原作神韵风姿,做到神似,而函电翻译要做到准确。为表达明确,商务英语函电在实践中已形成固定套语:商务函电首段首句常用"×月×日来函收悉,不胜感谢,兹复函如下"。常见套语有:thank you for your letter of; we are in receipt of your letter of 等。

【例3】

原文：We thank you for your letter of 18th February and confirm our cable of today's date, which reads as follows.

译文：兹复贵方2月18日来信并确认我方今日发出的电报，电文如下。

【讲解提示】

典型的商务函电固定表达句式。在回复对方的商务函电时，开头语应译为"兹复贵方……"，更显商务的正式性和礼貌性。

【例4】

原文：In accordance with your request, we send you herewith a statement of your account which we hope you will find correct.

译文：兹按贵方要求奉上结算报告书一份，请查收。

【讲解提示】

典型的商务函电结尾句式："随函附上……请查收。"

【例5】

原文：It would be appreciated if you could quote your prices of CIF Shanghai for computer.

译文：请报电脑的上海到岸价，将不胜感谢。

【讲解提示】

请求对方做某事的汉语句式为"请……，将不胜感激"。函电中常见 we would appreciate; it would be appreciated 等。其中结尾"盼复"的常用套语有 we are looking forward with interest to your reply; your early reply will be highly appreciated 等。

2. 语句凝练精干，力求表达有效

语句凝练精干和表达有效是指选词简明、语法正确、使用得体。而同一词语在不同的语域里有不同的文体效果。

【例6】

原文：We are in a position to offer you 50 long tons of Tin Foil Sheets.

译文：我们能向贵方报50长吨锡箔纸。

【讲解提示】

"offer"译为"开盘，报盘"，有商务英语的语言特点和精辟文风而不同于其文学意义。

【例7】

原文：Our order is subject to your acceptance of our terms of payments by

D/P.

译文：我们的订单以贵方接受我方付款交单条件为准。

【讲解提示】

"subject to"是"以……为条件"之意,"D/P"是专业的商务术语,是"付款交单"之意,含义专业固定,不可随意调整。

(三) 篇章特点

各种语篇的交际功能、主题、内容不同,其语篇结构也会不同。商务函电应表达固定,语篇结构逻辑合理、意义连贯。逻辑合理指句子结构、段落安排、语篇思维方面恰当。意义连贯指句子间语义连贯,段落间内容连贯,上下文思路连贯。此外,商务函电是一种在商务环境下,利用函电与具有不同文化背景的客户进行交流的跨文化行为,是一种公文性质的信函,其主要内容涉及公事,交流目的主要在于磋商公务,因此每一封商务公函都必须注重表达准确、规范、朴素,并且要求主题突出,中心明确。在文体上严谨规范,具备庄重典雅、自成一格的风格特征。

三、外贸函电翻译的基本原则

(一) 合作原则

美国哲学家格赖斯[①](Grice)指出,人们的正常语言交流不是一系列毫无联系的话语之组合,会话是受一定条件制约的。人们的言语交际总是互相合作的,谈话双方都怀着一个共同的愿望:双方话语都能互相理解,共同配合。因此,会话双方都要共同遵守一个原则,使自己的话语符合各自共同目的之需要。格赖斯把这种原则称为会话的合作原则(cooperative principle)。合作原则在具体的运用中体现为以下四条准则:数量准则、质量准则、关联准则、方式准则。

数量准则要求说话者使自己的话达到所需的详尽程度,同时又不能包含超出需要之外的信息。此准则在函电翻译中可以用来检测译文是否提供了必要的信息,或是否超越了原文的意思。

---

① H Paul Grice. Logic and Conversation [M]//Peter Cole, Jerry Morgan. Syntax and Semantics. New York：Academic Press, 1975.

【例 8】

原文：

尊敬的客户：

星光闪耀迎国庆，纵情回报顾客情。秋风送爽，一年一度的国庆节就要到了。为庆祝国庆，酬谢客户，LWD 公司全部产品特实行优惠销售。凡过去一年在 LWD 公司累计订购 15 万元（2 万美元）以上者，在我公司购买任何轴承类产品，均可享受 5% 优惠。本活动有效期一个月，欲购从速。

译文：

Dear Sir/Madam,

A SPECIAL OFFER TO CELEBRATE NATIONAL DAY

Another Exciting National Day is coming to us. To celebrate National Day and reward all the constant customers, LWD Company will provide you with a special offer. If you have purchased products valued more than RMB 150000 (USD 20000) at LWD over the last year, we shall be happy to give you 5% discount on anything you buy here. Hurry!! This offer is valid for 1 month only.[①]

【讲解提示】

原文是一封发给国外买家的促销函电，其主要信息是宣传即将到来的优惠活动，目的是提升产品形象、稳定老顾主、开拓新客户。原文选择了非常有渲染力的语言，翻译这封函电时也应注意语言上既要有创造性也要有有效性。译者应考虑到不同国家的文化不尽相同，语言使用更是大有不同。原文是一封中文函电，中文喜用四字词语使文字读起来朗朗上口、富有感染力，也使句子更对称，但有时并不传递实质性的信息。而其他国家的人大多习惯言简意赅的表达方式，若将文中"星光闪耀""纵情回报""秋风送爽"逐字译成"stars twinkle and shine""lavish in paying back""the autumn wind delivers cool"的话，会使外国人摸不着头脑，也使得译文累赘而生硬。因此，可省略一些词不译，适用数量原则使译文简明而有力。

质量准则要求发话者尽可能使自己所说的话是真实的，即不能说自己认为不真实的话及自己不能证实的话。运用到函电翻译中，这就要求译文要真实地传达原文中的信息。因此，译者必须认真地研读原文，根据原文中的文化价值观去理解原文，从而准确地将原文信息传达到译文中去。改变了原著意思的译

---

① 周健健. 合作原则和礼貌原则在外贸函电翻译中的应用及策略[D]. 成都：西华大学，2017.

文,即使文笔再优美,也不能称为好的译文。

【例9】

原文:

亨利先生:

感谢您关于咨询我市外贸业务优惠政策的来信。

特回复如下:

客户从开发区企业分得的利润汇出境外时,免征所得税。

译文:

Dear Henry,

Thank you for your letter in connection with favorable policy about foreign trade in our city.

Now we would like to reply below:

Profits gained by the investors and businessmen from the Development Zone enterprises will be exempted from tax when remitted out of China.

【讲解提示】

此译文中一些词语的翻译没有符合质量准则中传递正确信息的要求。原文"客户从开发区分得的利润"译为"profits gained by the investors and businessmen from the Development Zone",意思则成了"由客户在开发区经营企业所产生的利润"。实际上,"分得的利润"应译为"dividend"。此外,"免征所得税"在译文中为"be exempted from tax",然而此短语的意思是"免征税",这样一来译文传递的意思就发生了偏差。"免征所得税"应译为"be exempted from personal income tax"。再则,译文将"汇出境外时"翻译为"when remitted out of China",但此译文就有"征税是在汇款时候进行"的含义,也就与原文信息不对等了。因此,最好翻译为"if remitted out of China"。

关联准则要求发话者说话要贴切,要有关联性。不管是说话还是对话,语言必须切题。应用这一准则,可以判断译文和原文之间是否存在关联,译文是否切题。这就要求译者在翻译的过程中要使译文内容严谨、连贯。关联准则要求函电翻译时要根据信息量和语境,在目标语中寻找信息的关联性并符合目标语要求,以产生相应的语用效果。如果原文有些句子违反了关系准则,译者应补充一些必要的信息,只有这样,译文才能和事实相关联。

【例10】

原文:LWD集团股份有限公司(原LWD传动件有限责任公司),是江苏省最早从事进出口贸易的专业公司之一。原公司成立于1995年,二十多年来,逐步发展壮大,建立了稳定的货源基地,开展"三来一补"业务,在国际轴承行业享有盛誉。

译文:LWD Group Co. Ltd. (formerly known as LWD Power Transmission Company), founded in 1995, is one of the earliest foreign trade enterprises in Jiang-su Province. As a result of continuous growth for more than 20 years, the company has established its stable bases of material source and carried out "three come one repair" business. The company enjoys high reputation in the world bearing industries.

【讲解提示】

原文这封函电是一家外贸公司发给国外客户的公司介绍信,但译文有两处处理得并不合适。首先,原文括号中的"原 LWD 传动件有限责任公司"在翻译时可考虑省略,因为译者和读者并不了解这一信息,且原文也没做其他说明,因此这一信息并不重要。相反,翻译出来还会分散读者注意力,造成对公司名认知的模糊。其次,原文中的"三来一补"被翻译成"three come one repair",这样的译文会使读者不理解其意思。实际上"三来一补"是中文"来料加工、来料装配、来样加工和补偿贸易"的简称。翻译时应该完整地将意思表达出来,可译为"produce according to client's samples using client's materials, and conduct compensation trade"。

方式准则要求发话者说话时要尽量避免使用晦涩的词语,避免歧义,说话要简练(避免累赘),意义要明确且有条理。这条准则在函电翻译中的运用就是指译文的表达要清晰、无误。函电翻译的过程虽然涉及了两种语言,但译者和译文读者之间的交流只能局限于一种语言,这就要求译者翻译时要采用符合目标语规律的语言,以便使译文能顺利地被读者看明白,读者能顺利地接收译文中的信息。

【例 11】

原文:

李先生:

我方向贵方下如下订单,采购贵方 7 月 16 日所报轴承座产品:

订单号 LWD 20120510002

产品名称	数量(吨)	单价(美元)	总额(美元)
SNH520	30	810	24300

我方计划安排在 8 月装船。因订单迫切，请及时处理，并详尽告知订单的进展情况，以便我们能够及时安排装运和保险。

请在回函中告知我方贵方银行的相关信息，在我方收到提单副本之后，将使用电汇付款。

敬启！

译文：

Dear Mr. Lee,

Order No. LWD20120510002

We would like to place the following order with you for the bearing housings you quoted on July 16th.

Description	Quantity (metric ton)	Unit Price(USD)	Total(USD)
SNH520	30	810	24300

We plan to arrange for August shipment, so please treat this order as urgent and keep us fully informed of the progress of the order so that we may process with timely shipment and insurance.

Please let us know your bank information in reply and we will use T/T against copy of B/L.

Sincerely yours.

【讲解提示】

此译文严格遵循了方式准则，使得译文清晰且无误。首先，译文没有将"轴承座"按照字面上翻译为"bearing seat/block"，而是经查阅使用了工业术语"bearing housing"。其次，译文也没有将"吨"随意翻为"ton"，这是因为 ton 有"gross ton"（长吨）和"just ton"（短吨）之分，1 长吨=1.016 吨，1 短吨=0.9072 吨，1 长吨=2240 磅，1 吨=1000 千克。我国所说的"吨"指的是"metric ton"。另外，原文"美元"并未简单译为"dollar"而是"USD"，这是因为对于中国人来说，美元即美国的货币，但外国人认为"dollar"可以是"Canadian Dollar, Australian Dollar, or Singapore Dollar"。因此，为避免歧义，应使用"USD"。再次，翻译"在我方收到提单副本之后"时并未使用"after"，而是用了"against"，这是因为"after"表示的意思是提单副本出具以后，而不是实在地收到副本。最后，考虑到中文多动词、英语多名词及函电习惯用语，将"装船"译为"shipment"而不是"shipping"。"敬启"也是商务函电中的礼貌性用语,更为书面正式,表达尊敬。

(二) 礼貌原则

国际商务英语信函经常采用英国语言学家利奇(Leech)的礼貌原则。在翻译商务英语信函的过程中,恰当使用一些礼貌的策略、礼貌的措辞、得体的语句表达,不仅体现了职业的修养,还有利于贸易双方营造一个良好的合作氛围,有助于达到更理想的商务交际目的。

【例 12】

(1) 原文:Please be assured that your order will always receive our prompt attention.

译文:请放心!我方会迅速处理贵方的订单。

(2) 原文:We are sorry to learn that you didn't receive the documents.

译文:知悉贵方尚未收到单据,深感抱歉。

(3) 原文:We would be very grateful if you could let us take delivery before the selling season.

译文:如果能让我方在卖季开始之前提货,不胜感激!

(4) 原文:We should appreciate a prompt reply.

译文:如蒙即复,不胜感激。

(5) 原文:Thank you again for your order. Please keep us in mind whenever you need more parts.

译文:再次感谢贵方订货。今后如需零件,请再惠顾。

【讲解提示】

以上这些礼貌用语的使用,使得句意委婉,语意柔和,表现出为对方着想的语气,表达得体,令对方愿意接受。因此在商务翻译中,如能合理使用please、appreciate、thank、regret、sorry、be grateful、have pleasure in doing something 等礼貌用语,可给人语气缓和、表达得体的感觉。

【例 13】

(1) 原文:如果贵方在卖季开始之时即能交付货物,不胜感激!

译文:Please let us take delivery before the selling season.

改译:We would be very grateful if you could let us take delivery before the selling season.

(2) 原文:如果您能以阿姆斯特丹到岸价方式进行报价的话,不胜感激。

译文:Please quote on CIF Amsterdam terms.

改译：We would appreciate it if you quote on CIF Amsterdam terms.

（3）**原文**：请您立即发货。

译文：Please effect shipment immediately.

改译：We should appreciate it if you could effect shipment immediately.

【讲解提示】

显然，以上三个例句由于使用了情态动词的一般过去式，改译后句子的谈话语气比原译文更为婉转，带有更多的商量口吻，从而能减少给对方强人所难之感，增加对方的同情。因此可以说，情态动词的一般过去式是作者所采用的又一种礼貌策略。

【例 14】

（1）**原文**：In order to eliminate possible future trouble, we would like to make clear before handing our packing requirements.

译文：为了避免将来不必要的麻烦，我们觉得在提交包装要求前最好协商清楚。

（2）**原文**：I don't think it is wise for either of us to insist on our own terms.

译文：我认为，你我双方各自坚持自己的条件是不明智的。

（3）**原文**：We're afraid that an error was made in execution of your order No. 3.

译文：我们担心恐怕在你方的 3 号订单的执行过程中有一些偏差。

【讲解提示】

在商务翻译中，多用 I（We）wish、I hope、I（We）'d like to、Please、I don't think、I am afraid 等句型，也可起到柔和语气的作用。

【例 15】

（1）**原文**：If it were not for the regular orders we receive from a number of our customers, we could not have quoted for supplies even at those prices.

译文：如果不是因为一些买主定期向我们订货，我们恐怕无法按这个价格供货。

（2）**原文**：We wish to draw your attention to the fact that our clients are in urgent need of the contracted goods.

译文：敬请注意，我方客户急需合同的货物。

（3）**原文**：May we suggest that you make some allowance on your quoted prices so as to enable us to introduce your goods to our customers?

译文：可否建议贵公司在报价上让一步，以便我们能将你方货物介绍给我方买主。

【讲解提示】

虽然以上所列每个例句的实际目的都是表达自己的要求，陈述自己的观点并希望对方接受，但是由于采用了虚拟语气，语气大为和缓，诉求的表达显得婉转动听。避免直陈语气的咄咄逼人，为商务活动的开展提供了更多的协商空间，使对方易于接受，有利于业务的开展和贸易关系的确立。

四、外贸函电的词汇翻译

（一）用语礼貌、正式庄重、朴实无华

函电是互通商业信息、联系商业事务及促进贸易关系的重要桥梁。因此商务函电翻译的用词必须要礼貌、体贴，在商务交流和沟通中，礼貌的用词和体贴式的问候可以体现工作者的基本素质，得体的措辞可以拉近双方之间的距离，为商务谈判赢得有利的局势，也是双方合作的基础。例如："Sincerely yours"汉译为"谨上"即可。而针对港台地区保留大量古语的特点，译者在翻译时，还应该把开头"先生"之类的词婉译为"敬启者"。同时，商务英语函电是传递商业信息的工具，事关经济利益，所以表达直截了当、简洁明快，用语上要正规庄重、表现力强。

【例 16】

原文：请及时交付。

译文：Please do not be late in delivering.

改译：Please deliver the goods promptly.

【讲解提示】

两个译文都表达同样的意义，但两句表示的侧重点不同，后者运用了积极词汇，前者则运用了消极词汇，很明显第二句比第一句容易让对方接受。

【例 17】

原文：我们对自己的样品很有信心。

译文：We are confident in our sample.

改译：You will find our sample satisfying.[①]

---

① 李海芳. 词汇层面上商务英语信函的礼貌原则和翻译技巧[J]. 太原大学教育学院学报，2014，32(3)：80—82.

【讲解提示】

原译文使用了第一人称代词"we"做主语,直接地表达我方对样品的信心。改译后使用了第二人称代词"you"做主语,间接表达了我方对样品的信心,传递了信息的同时又表达了对对方的尊重,更容易使对方接受,有利于促进双方贸易关系的良性发展。

【例 18】

原文:合同清算或提前终止都不影响义务执行。

译文:The obligations shall be affected neither by the liquidation of the contract nor by a premature termination of the same.

【讲解提示】

句中"liquidation"和"termination"比同义词"cancel"和"end"正式。正式庄重的语言诚恳、自然、礼貌。

【例 19】

原文:We confirm receipt of your cable of October 10th.

译文:兹确认收到你方 10 月 10 日的来电。

【讲解提示】

"兹确认收到……的来电"为典型的回复商务函电句型,正式礼貌。

(二) 选词简明得体、表达清晰

在发送商务函电时,为达成贸易双方的友谊,商家会特别注意礼貌。但也应注意,商人毕竟是商人,他首先考虑的是商品、质量及相关问题与条件,而非客套语人称,英译汉时,应突出重点信息,精简繁枝冗叶,以达到强化重点的目的。如翻译"此时,现在"用"now"而不是"at this time";将"背书"翻译为"endorse this check"而非"endorse on the back of this check"等。

【例 20】

原文:We are looking forward with interest to your reply.

译文:我们带着极大的兴趣盼望您的答复。

改译:盼复。

【讲解提示】

显然,原译文拖沓而且生硬,采取婉译方式,译为"盼复",则简洁明了。

【例 21】

原文:Your prompt reply would be greatly appreciated。

译文:贵方的快速回复将使我们不胜感激。

改译：即复为感。

【讲解提示】

原译文"贵方的快速回复将使我们不胜感激"冗长且机械，改译"即复为感"凝练精简。

（三）专业术语

各类语体都有典型表达方式和结构。商务英语函电在实践中亦形成了一系列术语(commercial terms)。如 FOB 是价格术语"离岸价"，"inquiry"和"offer"指"询盘"和"报盘"等。商务英语信函翻译中通常会涉及大量的专业词汇，译者在翻译的过程中一定要重视专业词汇的翻译，选择规范、准确的词汇，使译文能够符合对外贸易的要求，确保信息的等值传递，避免歧义、误会等的产生。对外贸易中许多商务英语专业词汇的含义与在普通英语中有差异，因此在翻译的过程中，译者可以通过查阅专业词典、检索专业数据库、向专业人士请教等方式，结合具体语境，认真分析并确定准确的译文，从而保证信息传递的规范化、标准化、准确化。

【例 22】

原文：An L/C normally specifies the documents that are required by the buyer and the date by which the goods in question must be shipped.

译文：信用证上，通常规定了买方所需的单据，以及有关货物的运货日期。

【讲解提示】

"document"本意为"文件"，而在外贸英语中则为"单据"。

【例 23】

（1）**原文**：Please confirm it as soon as possible.

译文：请尽快确认。

（2）**原文**：Payment will be made by a 100% confirmed, irrevocable Letter of Credit, available by sight draft.

译文：付款方式为100%即期、保兑、不可撤销信用证。

【讲解提示】

第（1）句中的"confirm"表示"确认"，第（2）句中的"confirmed L/C"表示"保兑信用证"。

【例 24】

（1）**原文**：If a particular cargo is partially damaged, the damage is called particular average.

译文：如果某批货是部分受损，我们称之为"单独海损"。

（2）**原文**：It's obvious that the products are below average quality.

译文：显而易见，这批产品的品质是中下水平。

【讲解提示】

第（1）句中的"particular average"应该翻译为"单独海损"，是指在保险业中由于海上事故所导致的部分损失；第（2）句中的"average"表示"平均的"。

此外，为了增加严肃、正式的意味，翻译时常会选用带法律、语言保守倾向的古体词。商务英语函电中多是以 here、there、where 为词根，加一个或几个介词构成的古体词。以 here 和 there 加介词构成的词多为副词做状语，而 where 加介词构成的词多为连接（关系）副词连接句子。

【例 25】

原文：We hereby confirm having sold to you the following goods on the terms and conditions as set forth hereunder.

译文：我们在此确认已出售的货物符合下列所述的条款及条件。

【讲解提示】

该句中"hereby"（特此，以次）和"hereunder"（在下面）均为副词，做状语，分别修饰动词"confirm"和"set forth"。

五、外贸函电的句式翻译

在对外贸易活动中，英语经贸函电扮演着非常重要的角色。国际贸易磋商过程涉及建立业务关系、询价与回复、报价与促销、还盘、订货与回复、支付、包装、装运、货运单证、保险、投诉与处理等多个环节，每个环节都需要买卖双方通过有效的交流使业务顺利进行，因此，国际函电翻译者就要在各个环节做好相关翻译工作，使买卖双方进行顺畅的交流，促进贸易的顺利完成，加强双方之间的关系。本节通过将国际贸易磋商过程分为五大环节，来分析每个环节中典型句式的翻译，确保掌握整个国际函电的翻译内容。这五大环节为：建立业务关系、讨价还价与下订单、付款、包装与装船、保险与理赔。

（一）建立业务关系

在国际商务交往中，建立业务关系是交易开始和扩展的基础。建立业务关系一般经由国内外商会和贸易促进会、大使馆、商务参赞处、海外客户、公开发行的行业名录、市场调研、商务交易会或展览会、贸易代表团体互访等渠道。建立业务关系的信函内容通常包括：告知对方自己如何熟悉其地址和业务范围、希望与对方建立业务关系、向对方自我介绍、寄出或索取样品、价格单和其他可供参考的资料，以礼节性的语言结束，表明希望彼此合作、发展互惠贸易关系及期待对方答复。使用礼貌、得体、简洁、朴实的语言将写信人的意图清楚、完整地告知对方十分关键。因此通常开门见山、简明扼要，避免拖泥带水、使用冷僻的词汇或难懂的专门用语。

【例 26】

原文：We owe your name and address to Bank of China, Lagos Branch, through whom we have learnt you are exporters of Chinese Textiles and Cotton Piece Goods.

译文：承蒙中国银行拉各斯分行的推荐，我们获知了贵公司的名字和地址。通过他们，我们得知贵公司是中国纺织品和棉产品的出口商。

【讲解提示】

例句为国际贸易信函的自我介绍并说明来函事由，相比普通信函，应更为简洁明了。同时，"承蒙""贵公司"都是商务信函的礼貌性用语。

【例 27】

原文：We are given to understand that you are potential buyers of linen which comes within the frame of our business activities.

译文：据了解，贵公司是购买亚麻产品的潜在客户，而该商品正好符合我们的经营范围。

【讲解提示】

此例子内容为告知对方自己熟悉其业务范围，欲求合作，因此应充分表达合作欲求，注意用词礼貌。

【例 28】

原文：We are an importer/exporter handling toys for many years. Our products have enjoyed a high reputation in the world for their good quality and reasonable price.

译文：我方是一家经营玩具多年的进口商/出口商。我们的产品质量好，价格合理，在世界上享有极高的声誉。

【讲解提示】

此例子内容为进行自我介绍，通过凝练专业的商务语言介绍清楚自己的主要经营业务、范围和优势，以争取对方的选择和长久合作。

第六章 外贸函电翻译

【例29】

原文：We look forward to receiving your order and meanwhile enclose a copy of our catalogue as we feel you may be interested in some of our other products.

译文：我方盼望收到贵方订单，同时随函附寄一份我们认为贵方可能感兴趣的一些产品的目录。

【讲解提示】

"随函附寄……"为典型的商务用语，表示说明和商务信函一同寄出的附件，更为正式。

(二) 讨价还价与下订单

在有业务合作意向之后，买卖双方开始就关心的价格问题进行沟通，通常按照买方询盘、卖方报盘、买方还盘、买方下订单这四个步骤进行。

首先，询盘(inquiries)又称询价，是指买方或卖方为了购买或销售某项商品，向对方询问有关交易条件的表示。在国际贸易的实际业务中，一般多由买方主动向卖方发出询盘。询盘的内容可涉及价格、规格、品质、数量、包装、装运和索取样品等，而多数只是询问价格。

【例30】

Please quote us for the goods listed on the enclosed inquiry sheet, giving your prices CIF Shanghai. Please also state your earliest delivery date, your terms of payment, and discounts for regular purchases.

译文：请报所附询价单上的货物的价格，我方需要上海到岸价。另请提供最早交货日期、支付条件及为长期订购所提供的折扣。

【讲解提示】

此例内容为在有业务合作意向之后，进行询价环节。"请报所附询价单上……的价格"为专业的商务询价用语，"另请提供"表达更为礼貌。

【例31】

原文：We are pleased to inform you that there is good sale for your bikes for children and would ask you to send us your best offer. If your price is found competitive, we are confident there are good prospects for business.

译文：我方欣告贵方，贵公司儿童自行车很畅销，并请求贵方报此自行车的最优惠价格。如果贵方所报价格具有竞争力，我方相信我们能够达成交易。

【讲解提示】

在询价还价中出于商务目的，欲争取最优惠的条款和价格，与此同时，也要注意礼貌，争取长久合作。

其次，报盘(offers)也叫报价，是卖方主动向买方提供商品信息，或者是答复询盘，是卖方根据买方的来信，向买方报盘，其内容可包括商品名称、规格、数量、包装条件、价格、付款方式和交货期限等。

【例 32】

原文：Referring to your inquiry of December 11th, we have quoted as below.

译文：依据您 12 月 11 日的询盘，兹报价如下。

【讲解提示】

"兹报价如下"为典型的商务报价句型。

【例 33】

原文：We thank you for your inquiry of 13th August and are pleased to inform you that the sample, price list and catalogue asked for in your above letter have been airmailed to you separately.

译文：我们感谢贵方 8 月 13 日询盘且很高兴通知贵方，贵方在上封信要求的样本、价格单和目录已经分别航邮给您了。

【讲解提示】

此句采用"贵方"的尊称，礼貌性地回复对方的询价；"airmailed"意为"航邮"，为常用的商务信函邮寄方式之一。

随后，若受盘人对发盘条件不同意或不完全同意，提出修改、限制或增加新条件时，即为还盘(counter offer)，也称还价。

【例 34】

原文：We regret to inform you that your price is rather on the high side though we appreciate the good quality of your products.

译文：我们遗憾告知贵方，尽管我们很满意你方产品的质量，但我们认为你方价格偏高。

【讲解提示】

此句内容意在与对方还价，但为促成合作，应注意用语委婉。

【例 35】

原文：As the market of Cotton is declining, there is no possibility of business unless you can reduce your price by 5%.

译文：由于棉花行市疲软，除非贵方能够降价 5%，否则无法成交。

【讲解提示】

讨价还价的环节中,在争取达成合作的同时也要争取最低价格,既要注意用词严正又要注意礼貌。

最后,当买卖双方对产品的价格相关问题达成一致后,买方会下正式订单,卖方随后根据情况选择履行订单达成合作或婉拒订单。

【例 36】

原文:We are pleased to find that your material appears to be of fine quality. As a trial, we are delighted to send you a small order for 2500 meters of your products at ＄320 per meter CIF Shanghai.

译文:我方很满意贵公司丝绸质量,现向贵公司下试单,订购 2500 米,每米 320 美元,CIF 价上海交货。

【讲解提示】

"现向贵公司下试单"为典型的商务下单用语,表达凝练且使用尊称。

【例 37】

原文:We are very pleased to receive your order and confirm that all the items required are in stock.

译文:很高兴接到贵方订单,并确认所需的全部货物均以现货供应。

【讲解提示】

此句为在接到对方订单后的商务信函回复,表达对对方下单的感谢和欣喜,同时详细说明备货情况。

(三) 付款

付款是商务交易的重要部分,所有商务活动的结果都应该是从所提供的货物或服务获得价值,如果付款不能保障,那么一切都没有意义。在商业上有多种付款方式,而国际贸易中的付款方式更复杂。国外账户的支付也有许多形式。国际贸易中最常用的支付方式是信用证(L/C),这是一种可靠而安全的支付方式,便于卖方与陌生的买方交易,并对买卖双方都有保证。其他常见付款方式有电汇(T/T)、承兑交单(D/A)、付款交单(D/P)。

【例 38】

原文:We write to inform you that we have today established with Commercial Bank an irrevocable documentary L/C in your favor for the amount of ＄52000 covering 1000 sets of TV.

译文:我方写信通知你的是我方今天已经从商业银行开出了 1000 套彩电的

以你方为受益人的、金额为 52000 美元不可撤销的跟单信用证。

【讲解提示】

"irrevocable documentary L/C"是常用的国际支付方式"不可撤销的跟单信用证","in your favor"是常用的支付专业术语"以你方为受益人"。

（四）包装与装船

在买卖双方达成付款协议后，便进行包装与装船的沟通工作。包装（packaging）即在货物运输过程中为保护产品，方便储运，促进销售，按一定的技术方法、用所需容器、材料和辅助物等进行的操作活动。一般来说，商品包装应该包括商标或品牌、形状、颜色、图案和材料等要素。随后卖方会装船通知（shipping advice 或 notice of shipment），也叫装运通知，主要指的是出口商在货物装船后发给进口方的包括货物详细装运情况在内的通知，其目的在于让进口商做好筹措资金、付款和接货的准备。

【例 39】

原文：According to the stipulations of the contract, shipping marks are designated by the buyer.

译文：根据合同的条款，运输唛头应该由买方指定。

【讲解提示】

"shipping marks"意为"运输唛头"，属于国际贸易中常用的运输术语，应注意此类专业术语的使用。原文为国际贸易合同中的一项条款，语言表达应正式严谨。

【例 40】

原文：Each of our men's shirt is packed in a poly bag, 5 dozen to a carton, and lined with craft paper and damp-resisting paper.

译文：我们的男士衬衫的包装为每件套一塑料袋，每五打装一箱，内衬牛皮纸和防潮纸。

【讲解提示】

"packed in a poly bag, 5 dozen to a carton"意为"每件套一塑料袋，每五打装一箱"，为常用的国际商务合同中的包装方式。"lined with craft paper and damp-resisting paper"意为"内衬牛皮纸和防潮纸"，表达简明扼要。

【例 41】

原文：We have shipped the goods by S. S. "Lucky", which is scheduled to sail for your port on May 10th.

译文：我们已将货物装上了"幸运"号货轮,该轮计划5月10日启程开往贵港。

【讲解提示】

此句内容为在买卖双方达成付款协议后,便进行包装与装船的沟通工作。"我们已将货物装上……"为典型句型。

(五) 保险与理赔

对外贸易保险已成为国际贸易中不可缺少的业务之一,指对进出口货物在运输过程中受到的各种风险损失采取的一种社会互助性质的补偿方法。按照对外贸易货物运输方式的不同,保险公司办理的对外货运保险业务有海洋运输保险、陆上运输保险、航空运输保险以及邮包运输保险等,其中业务量最大的是海洋运输保险。运输方式不同,运输保险的责任范围也各有不同。

【例42】

原文：We shall cover WPA and against War Risk according to the usual practice.

译文：我们将按一般惯例投保水渍险和战争险。

【讲解提示】

"WPA"和"War Risk"意为"水渍险"和"战争险",是国际运输中两种常见的险种。

【例43】

原文：Insurance of the goods is to be covered by us for 110% of the CIF value, and any extra premium for additional insurance, if required, shall be borne by the buyers.

译文：货物的保险将由我方以CIF价的110%投保。如果要求投保附加险,额外保险费将由买方自理。

【讲解提示】

国际贸易索赔是指进出口交易中,因一方违反契约规定,直接或间接造成另一方有所损失,受损害的一方向违约方提出赔偿要求,以弥补其所受之损害。通常属于卖方责任而引起买方索赔的主要有:卖方所交货物的品质、数量、包装与合同不符;卖方未按期交货;卖方其他违反合同或法定义务的行为。属于买方责任而引起卖方索赔的有:买方未按期付款;未及时办理运输手续;未及时开立信用证;买方其他违反合同或法定义务的行为。

【例44】

原文：Upon examining the goods, we discovered to our surprise that they were altogether inferior in quality to the sample on which basis we placed the order.

译文：经过对货物的检查,惊讶地发现货物的质量均与我们下订单时所依据的样品质量不相符。

【讲解提示】

国际贸易索赔中,既要坚定维护自身权益,同时也要注意商务礼貌性,表达得当。

【例 45】

原文：The damage was due to the rough handling by the shipping company, you should lodge a claim on them for recovery of the loss.

译文：货损是由于船运公司的野蛮搬运造成的,贵方应当向他们提出索赔,要求赔偿损失。

【讲解提示】

此例内容意在解释货损的原因,表达应简明扼要,叙述清楚货损原委,应充分遵守事实,权责分明。

六、外贸函电的篇章翻译

【例 46】

原文：

Dear Sir,

We owe the name of your firm to the advertisement in *Foreign Trade* and have the pleasure of addressing this letter to you in the hope of establishing relations with you.

We are specialized in the export of Chinese light industrial products. Our products have enjoyed great popularity in the world markets, including Europe and North America. Now we are looking for cooperative opportunities in Africa, and you are one of the leading African companies dealing in this line.

Enclosed you will find a copy of our catalogue for your reference and hope that you would contact us if any item is of interest to you.

Yours faithfully,

[Signature]

第六章 外贸函电翻译

译文：

尊敬的先生：

我们从《对外贸易》刊载的广告上获知了贵公司名称，很高兴能写信给您，以求与贵公司建立联系。

我方专职于中国轻工业产品的出口。我方产品在世界市场上备受欢迎，包括欧洲和北美。现在我方在寻求非洲的合作机会，而贵公司是该业务的领先非洲公司之一。

随函附上了我方目录供贵方参考。若贵方对任一物品感兴趣，欢迎联系我方。

改译：

尊敬的先生：

我们从《对外贸易》刊载的广告中获悉了贵公司的名称，非常高兴能写信给您以期与贵公司建立业务联系。

我公司专营中国轻工产品的出口。我们的产品在包括欧洲、北美等地世界市场上广受欢迎，现在我们想要在非洲寻求合作机会，而贵公司在非洲属业内顶尖企业。

随信附寄我公司产品名录供您参阅。如有任何感兴趣的产品，请随时与我们联络。

谨上。

【讲解提示】

原文为商务合作中常见的介绍函电，这类函电是促成合作和交流的重要开端。因此，商务函电翻译的用词必须礼貌、正式，得体的措辞可以拉近双方之间的距离，争取赢得合作。而原译文语言表达和措辞过于口语化，例如："获知"相对于"获悉"，不够正式、商务化。同时，由于原文意在自我介绍，寻求合作，因此应充分进行自我介绍，详细叙述自身公司的具体信息，凸显自身优势，吸引对方合作。改译中的"专营""广受欢迎"等措辞，更明确地阐述了公司的主营业务和领先地位，且表达更为凝练。

【例 47】

原文：

Dear Madams or Sirs,

In reply to your letter of February 16th, we are now enclosing you our latest price list for our products together with an illustrated catalogue. We are sending you some samples under separate cover as well. As you will see in the above list, our products are good in quality and reasonable in price. We believe you will favour us with your valued orders.

We will offer a proper discount according to the quantity ordered. We usually require Letter of Credit payable by sight draft in terms of payment.

Your further inquiries of any kind are always welcome. We are looking forward to your early reply and doing business with you.

Yours faithfully,

[Signature]

译文：

尊敬的先生/女士：

作为对贵方2月16日信函的答复，随函附上我方产品的最新价目表及有插图的目录。独立封面下的样品一如贵方在上述表中所见，我方产品质量上乘，价格合理。期待收到贵方订单。

我方将根据订购数量提供合适的折扣。我方要求即期信用证汇票作为付款条件。

欢迎贵方进一步咨询。期待您的回复，期待与您合作。

此致

敬礼

改译：

尊敬的先生/女士：

兹复贵方2月16日来函，我方将随信附寄本公司产品最新价目表以及图示产品名录。另附件寄上本公司一些样品。正如贵方在报价单中所见，我们的产品物美价廉，相信定能获得贵方惠顾。

我方将根据订购数量提供适当的优惠。我方通常要求用信用证即期汇票付款。欢迎您随时进一步咨询联络。我们期待您的早日回复，并期望与您建立业务关系。

谨上。

【讲解提示】

原文为典型的发盘函电，此类函电涉及报价、付款和具体的产品信息，所以表达应直截了当、简洁明快，叙述清楚函电随寄的价格单和其他可供参考的资料，以免有所遗漏。原译文的"有插图的目录"表达不够简明，改译为"图示产品名录"；原译文中的"作为对贵方2月16日信函的答复"过于口语化，商务函电的问候语表达应正式、专业且书面，改译为"兹复贵方2月16日来函"。同时，函电应以礼节性的语言结束，原译文的结尾语"此致敬礼"为普通信函结尾语，应改译为"谨上",充分体现出对对方的尊敬。

【例 48】
原文：

Dear sir,

We have today received L/C No. 2398 covering order No. 6125.

After careful examination, we have found some discrepancies. Please make the following amendments without delay.

Increase the amount of your L/C by $5000.

Partial shipment and transshipment are allowed and delete the clause "by direct steamer".

Amend the quantity to read: 15000M/T (5% more or less at the seller's option).

We shall be pleased if you will arrange to insure the goods on our behalf against all Risks at invoice value plus 10%.

Please see to it that your amendments reach us by October 30th; otherwise shipment will be further delayed.

Yours faithfully,

[Signature]

译文：

尊敬的先生：

我方今日收到了订单6125号的信用证2398号。

经仔细审查,我方发现了一些差异。请及时作出如下修改：

1. 增加信用证数额 $5000。

2. 允许分批装运和转运。删除条款"利用直达轮船"。

3. 修改读数：15000M/T(卖方交货浮动范围：5%)。

4. 期待贵方代表我方为货物按发票金额的110%投保,即5000美元。

请确保贵方的修改于10月30日送至我方,否则船运将进一步延期。

改译：

尊敬的先生：

我方已收到贵方有关6125号订单的2398号信用证。

经仔细核查,发现其中有下列不符项,希望您尽快作出修改。

请贵方将信用证额度增加5000美元。

请取消"用直达轮"条款,允许分批和转船转运。

请将信用证中的重量修改为 15000 吨（由卖方酌情定 5%的上下幅度）。

我方希望贵方代表我们按发票金额加 10%投保一切险。

请务必在 10 月 30 日之前将你方修改结果通知于我们，否则货物装运可能会延迟。

谨上。

【讲解提示】

原文内容及目的为同对方就付款事宜及相关条款进行再次确认，函电是传递商业信息的渠道，事关双方经济利益，由于涉及价格等条款，用语上应正规庄重、表现力强。原译文中的"请确保贵方的修改于 10 月 30 日送至我方，否则船运将进一步延期"涉及违约条款，表达应更为严正，应改译为"请务必在 10 月 30 日之前将你方修改结果通知于我们，否则货物装运可能会延迟"，如此一来，可凸显重要性，引起对方的注意，起到敦促作用。由于涉及条款事项较繁杂，应注意逻辑顺序，罗列清楚，让对方一目了然。在基于维护自身权益的同时，遵循长久良好合作的目的，也要注意用词礼貌和体贴式的问候，原译文中的表达"请及时作出如下修改"语气过于强硬，改译为"希望您尽快作出修改"，表达温婉不失礼貌。而且原译文缺乏结尾语，这是一个严重的问题，应添加结尾语"谨上"，可以体现出写信人的专业素质和细致。

七、课后翻译练习

1. 将下列段落翻译成汉语

（1）We look forward to receiving your quotation CIF Liverpool inclusive of our commission of 5% at an early date.

（2）By confirmed, irrevocable L/C payable by draft at sight to be opened 30 days before the date of shipment.

（3）We have pleasure in confirming you that we have booked your order No. 123. We are sending you our Sales Confirmation No. 24 in duplicate, one copy of which please countersign and return for our file.

（4）Each to be wrapped with paper, then to a plastic bag, every dozen to a new strong wooden case, suitable for long sea voyage and well protected against dampness, moisture, shock, rust and rough handling.

（5）This consignment is on the S. S. "Princess", which departed from Shanghai on March 20th and is due to arrive in New York on April 5th.

(6) If there are no definite directions from you, we will take out insurance against F. P. A. and War Risk. And the extra premium should be borne by you.

(7) This delay will surely cause us a loss of business. So we must have these goods by the end of September. The demand for these goods is seasonal. We therefore urge you to do everything possible to hasten the dispatch.

2. 将下列段落翻译成英语

(1) 我们从商会得知贵公司有意购买大量红茶。特致函于你,望能与你们建立业务关系,并随附我们最新的产品名录一份。

(2) 我们认为贵方的价格过高,这样的价格使我们无利可图。如果贵方能降价10%,我们将立即成交。

(3) 鉴于你我间的长期友好关系,对你方这批试购的货物,我们愿意例外地接受30天付款交单的付款方式,希望你们能接受。

(4) 在外包装上请刷上一菱形,内刷我公司首字母SCC。且每个包装上应标上"易碎"字样。

(5) 兹通知,第1488号合同项下,货物将于40天后,即7月20日备妥待运。

(6) 我们已向中国人民保险公司为2000吨煤按发票金额的110%投保一切险,保险费用为4%。

【参考译文】

1. 将下列段落翻译成汉语

(1) 请尽快报出包含5%佣金的利物浦成本加保险费运费价。

(2) 以保兑的、不可撤销的信用证,凭装运日期前30天开立的即期汇票支付。

(3) 我们很高兴地通知贵方,贵方的123号订单现已订舱,现寄去24号确认书一式两份。请会签并退还一份以便存档。

(4) 每只用纸包,并套上塑料袋,每一打装一个坚固的新木箱,适合长途海运方式,防湿、防潮、防震、防锈、耐粗暴装运。

(5) 这批货已装上"公主号"货轮,该轮已于3月20日从上海起航,预计于4月5日抵达纽约。

(6) 如果你方没有明确指示,我们将投保平安险和战争险。额外保费将由你方承担。

(7) 该延期肯定会造成我方生意上的损失,因此 9 月底前我们必须要拿到这些货物,这批货属于季节性的货物,因此我方敦促你方尽一切努力尽快发货。

2. 将下列段落翻译成英语

(1) We have learned from the Chamber of Commerce that you are in the market for a large quantity of Black Tea. We are writing to you in the hope of establishing business relations with you and enclosing you a copy of our latest catalogue.

(2) We feel regretted to tell you that your price is too high and will leave us nothing. If you reduce your prices by, say, 10%, we will conclude the business immediately.

(3) In view of the long business relations between us, we will, as an exception, accept payment terms by D/P at 30 days sight for your present trial order and hope you will accept our terms.

(4) On the outer packing please mark our initials SCC in a diamond. And each package should have the marking "fragile".

(5) We hereby give 40 days' notice that the goods on the contract No. 1488 will be available for shipment on July 20th.

(6) We have covered insurance with the People's Insurance Company of China on the 2000 metric tons of coal for 110% of the invoice value against All Risks at the rate of 4%.

第三单元
财经类文本

第七章 财经新闻翻译

一、财经新闻翻译概述

新闻是把最新发生的现象在最短的时间和距离内,连续介绍给最广泛的公众。财经新闻则是有关财政、经贸等问题的报道,包括经济、商业、金融和消费等各个方面的热点新闻,如股市走向、石油价格、货币汇率等,其文体既具有新闻文体的时效性和简洁性,又具有财经类文体的专业性。经济全球化的逐步推进加大了各国对财经报道的关注,国内外财经报道成了人们了解经济最新情况、分析经济趋势的主要渠道。因此,财经新闻的翻译也是中国了解世界经济或向世界传递中国经济现状的必不可少的途径。本章从财经新闻的语言特点着手,阐释财经新闻翻译中的基本原则,并结合财经新闻词汇、句子、篇章上的一些翻译实例,以期为财经新闻的翻译带来一定启示。

二、财经新闻的语言特点

(一) 词汇特点

首先,财经类报道的主要功能就是向读者传递及时、准确的财经信息。由于该类报道的专业性较强,因此报道中常出现大量专业名词。如果一篇财经报道是一座建筑物,那么其中该领域的专业名词就是建造房子的砖瓦,因而准确翻译出财经类专业名词至关重要。如《经济学人》《华尔街日报》等中经常出现的 joint investments(合资)、currency manipulator(货币操纵国)、anti-money-laundering detection systems(反洗钱监测系统)、net contributor(净援助国)、offshore market(离岸市场)等,均属专业术语,译者需准确翻译。

其次,英文财经新闻用词生动灵活,经常使用一些俗语、口语化的词汇或者一些较为生动的词汇,使新闻内容更加生动,例如,在"U. S. stocks struggled and churned higher Tuesday after a rise in consumer confidence"一句中，"struggled"（挣扎）和 "churned"（搅动）都是为了形容美国股市在发布了消费者信心这一指数后所表现出来的波动。又如，"The bonds would also blunt the incentive for other governments, which have borrowed too much money and whose economies are uncompetitive, to put their own houses in order"（这些国家的政治家和民众都很担心欧洲债券会把他们也拉入债务危机的深渊之中。债券也会磨灭那些负债累累、经济发展滞后的国家推动改革的动力，难以处理好内政），其中的"blunt"（使变钝）和"put houses in order"（处理好内政）都是更为生动形象的词汇。

再次，财经新闻中新兴词汇不断涌现。财经新闻及时体现着业界的最新动态，加之互联网的迅猛发展，与财经有关的新词数量飞速增长。财经新兴词汇是随着特定的经济、政治、社会等环境而产出的，所以具有明显的时代特征。新词的产生有几种形式——词根扩展、旧词新意、盛行语和外来新词。财经新闻有其独特的词汇，很多常见的词汇在财经领域有着完全不同的含义，比如 long（多头，买空）、short（空头，卖空）、discount（贴水）等。

最后，财经新闻通常字数少但信息量大。受时间和篇幅的限制，新闻写作高度注重简约，必须尽可能运用最少的字数来最大程度地表达信息。缩略词的运用是使新闻报道经济简约的有效办法。比如，ETF（Exchange Traded Fund，交易型开放式指数基金）、ECB（European Central Bank，欧洲中央银行）、CPI（Consumer Price Index，居民消费价格指数）等缩略词常见于报端。

（二）句法特点

英语财经报道一般将重点信息提前以吸引读者注意，且大量引用权威人士的观点以彰显报道的客观性和权威性。因此，财经新闻在句法上主要有三个特点。

第一，英语财经类新闻中经常使用被动句。这是因为英语财经新闻是一种特殊的文体，要求用语简洁、发表及时、吸引眼球。英语财经报道的这些要求给被动句的频繁使用提供了土壤。被动句可以直接强调某事的结果，突出动作的受事者而非执行者，因此，记者一般会使用被动句，将重点信息第一时间展现在读者面前。此外，被动句也有承上启下、强调说明的作用。

第二，财经类新闻篇幅小，信息量大，内容更新快，结构比较松散，插入成分也通常比较多，而且有口语化的特点，因此复杂句出现的频率较高。例如："That the term 'Brussels' is thrown around in national capitals as a catch-all for the pesky creature that is EU authority is a design feature, not a bug."如何处理类似的长难句是笔者在翻译过程中一直在思考的问题。

第三，财经新闻除了对客观事实的描述外，还有很大一部分是引用权威人士的看法，因此，引语在英语财经报道中是随处可见的。作者通过直接或间接的方式引用他人话语。直接引语就是用引号标出说话人的原话。间接引语就是作者对说话人的原话进行转述，不用引号。如何准确翻译直接引语和间接引语亦是译者需要注意的问题。

（三）语篇特点

在篇章层面上，汉语财经新闻和英语财经新闻亦存在不同。西方多采用经典的"倒金字塔体"的写作模式。倒金字塔体即把新闻的主要内容放在新闻文本的开头，让读者在第一时间就能迅速地抓住新闻的主要内容。这种模式按照信息的重要程度将其安排在文章中的相应位置，越重要的信息，在新闻文本中的位置越靠前，最重要的信息处于新闻的最开头位置，这样有利于迅速吸引读者。倒金字塔体的新闻一般由标题、导语、主体和结尾四部分构成，其中最重要的部分是新闻的标题。一个好的标题要能吸引读者的阅读兴趣，抓住读者眼球。因此，如何忠实传神地翻译英文标题成为翻译过程中的重中之重。

一方面，财经类新闻标题总是力求用有限的字数来表达新闻的主要内容，因此在措辞上经常使用一些短小精悍的词汇，尤其是动词，这样既能经济达意，又简单明了。另一方面，在篇章结构上，英语财经新闻的另外一大特点就是多出一些引语部分，以"借他人之言"来表达媒体自身的观点，所以在新闻报道中较多地使用引语。

三、财经新闻翻译的基本原则

财经新闻的目的是传递信息，其目标群体是广大关心经济的读者，旨在给读者传递最新、最准确、最权威的经济相关方面的报道和分析。这意味着英语财经新闻的翻译目的性非常强，在进行英语财经新闻的翻译时要充分考虑其目的性。因此，可以从德国功能派的"目的论"来探讨财经新闻的翻译。从此视角看，英语财经新闻的翻译要遵循以下三原则。

（一）准确性

财经新闻是企业、企业家了解国内外经济形势或行业走向的一个重要来源，我们翻译的目的就是将英语财经报道的内容准确无误地呈现在读者面前。英语财经新闻的翻译更要注重准确性,因为由于译者的失误而给读者造成的损失是译者无法弥补的。因此,准确性是英语财经新闻翻译要遵循的重要原则。

【例1】

原文:The City of London Corp. said the initiative was started to provide leadership to the wider financial markets on technical, infrastructure and regulatory issues, to advise the U.K. Treasury on maximizing London's capacity to trade, clear and settle Yuan, and to articulate practical next steps and long-term aims for the further development of the market in London.

译文:伦敦金融城公司表示,已经倡议就技术、基础设施和监管问题,其应该在更广泛的金融市场中起到领导带头作用,应该建议英国财政部实现伦敦人民币交易、清算和结算能力的最大化,应该为人民币市场在伦敦的进一步发展阐明下一步应该采取的实际步骤和长期目标。

【讲解提示】

财经新闻作为一个专业领域的报道,具有大量的财经类专业术语。"trade""clear""settle"为经济类专业词汇,分别为"交易""清算""结算"的意思,而不是我们平时生活中常用到的"贸易""清理"和"解决"的意思。所以此处"capacity to trade, clear and settle Yuan"翻译成"人民币交易、清算和结算能力"。翻译专业名词时,需要仔细辨认,准确无误地翻译出这些专业词汇。

【例2】[①]

原文:The stock is up more than 1% and earlier today hit a fresh record at $644.13.

译文:该股票涨幅达到1%以上,今天早些时候股价创下新高,达到644.13美元。

【例3】

原文:The market edged lower on Monday, with the FTSE 100 closing down 28 points, or 0.48%, at 5824.37.

译文:周一市场低走,富时100指数收市下降28点,降幅0.48%,报收5824.37点。

【例4】

原文:The EU's trade surplus was 400 million euros, compared with a

---

① 黄樱. 全球化背景下财经报道的翻译技巧与方法[J]. 上海翻译,2013,2:34—37.

第七章 财经新闻翻译

15.3-billion-euro deficit a year earlier.

译文：与去年 153 亿欧元的赤字相比，欧盟的贸易顺差为 4 亿欧元。

【讲解提示】

财经报道经常涉及各类经济数据、市场价格及其他有关的统计数字，且这些数据之间的比较或参照也是财经报道的重要组成部分。因此，译者要准确把握数字和比较词的翻译。

(二) 专业性

英语财经报道专门报道财经方面的新闻，专业术语和表达多，具有很强的专业性。我们的目标读者是有着相关专业知识背景或对经济感兴趣的人士，如果翻译得不专业会导致理解上的不便。在遣词造句中，要尽可能用约定俗成的固定表达方式以确保中国读者不会产生歧义，这也能提升译文的专业程度。如"purchasing power parity"应译成"购买力平价"，而非"购买力相等"。因此，英语财经报道翻译的又一原则就是专业性。专业性这个原则对译者提出了很高的要求，要求译者不能望文生义，要查询相关资料和咨询相关专业人士以得到最专业的译文。

【例 5】

原文：Wenzhou's shadow financial system amounted to 110 billion yuan in 2010, according to one estimate, equipment to 38% of the city's GDP.

译文：据某一项评估称，2010 年，温州影子金融体系的资金规模达到 1100 亿元，相当于该市国内生产总值(GDP)的 38%。

【讲解提示】

"shadow financial system"是经济术语，意为"影子金融体系"；"GDP"意为"国内生产总值"。通过讨论这个句子就可见英语财经报道中专业词多这一词汇特点。

【例 6】[①]

原文：Many economists said they expected the euro zone to swing back to growth in the third quarter, although they also warned that rising unemployment, fragile bank lending and the looming end to stimulus spending made for pitfalls.

译文：许多经济学家表示，他们预计欧元区经济在第三季度将恢复正增长。

---

① 邵予涵. 财经英语新闻汉译的策略[D]. 苏州：苏州大学，2013.

但他们也预警,失业率不断攀升、银行放贷力度疲软,以及刺激性支出行将结束,都是隐藏的风险。

【例 7】

原文:The central bank aims to shift the FX asset holding into non-government sector.

译文:央行力求将外汇资产转移到非政府部门。

【讲解提示】

"FX"是个缩略语,需要经过查阅相关资料,将其意思确定为"外汇"。因此平时要增加阅读量,积累专业术语。缩略词在财经类英语中出现频率较高,增加了翻译难度,有时即使将缩略词翻译出来,也还需要查阅相关书籍,确定译入语中是否有这样的表达,若没有,译者需要确定它们所指的具体意义,使翻译的译文妥当、规范。

(三) 可读性

无论词汇语法结构有多复杂,翻译最基本的目的就是表意清楚,让所有读者读懂翻译内容。例如在财经新闻中,面对文化上的差异和语言表达方式上的不同,使用英汉互译时意译、词性活用、化繁为简等策略可帮助目的语读者理解,从而避免不解与误解。有时还要根据相关背景知识把原意用最简单的语句表达出来。

【例 8】

原文:The combination of stretched balance sheets and disappointingly slow growth also means that the advanced countries will opt for a mix of approaches to deal with recurrent debt.

译文:发达国家资产负债表不堪重负,缓慢增长令人心灰意冷,这都表明其倾向选择多项措施来解决频现的债务危机。

【例 9】

原文:This is most obvious in Europe, where a liquidity approach—involving piling new debt on top of already crushing obligations—has repeatedly been applied to Greece's debt solvency crisis.

译文:显然欧洲就是这样一个例子。旧债未偿,新债又添,国家财政状况每况愈下。循环往复,最终造成了希腊债务危机。

【例 10】

原文:And who would have thought that a rating agency would dare question the sacred AAA credit rating of the United States, the sole supplier of global public goods such as the international reserve currency (the dollar) and a financial system that serves as the nexus of international capital flow?

译文：有谁会想到，作为诸如国际储备货币这样的全球公共物品的独家供应者以及坐拥国际资本金融体系之大国，美国神圣的 AAA 信用评级居然遭到一家小小评级机构的质疑？

四、财经新闻的词汇翻译

(一) 直译

术语和专有名词是财经类文章专业化的体现，因而在翻译时需要仔细查阅、对证，有些可能还需找专业人士来解答。如，我们不仅需要知道诸如"marginal propensity to consume"（边际消费倾向）等术语的对应翻译，也需要知道诸如"Keynes"（凯恩斯）等著名经济学人士名字的正确翻译。翻译时我们通常选用的方法是直译，准确且对应地将这些词翻译出来，绝不能望文生义、不求甚解、随意另起译名；而且要——求证，确认译名的准确性、统一性。例如：Barclays Bank，英国巴克莱银行；European Union (EU)，欧洲联盟，即欧盟；property trust，财产信托；financial statement，财务报表。

【例 11】

原文："There is some lingering uncertainty about what's to come in Asia. With the exception of Japan, Asia will be defined by whether or not China's IPO and broader primary market comes back," said Viswas Raghavan, global head of equity capital markets at JPMorgan Chase & Co. in London. "If that market bounces back, it will be positive for the overall health of the capital markets."

译文：摩根大通公司伦敦分公司股权资本市场部全球总监维斯瓦斯·拉加万提到："亚洲未来情况如何，仍存在一些不确定性因素。除了日本，亚洲将受中国影响，中国的首次公开募股情况是否好转、金融一级市场是否能继续扩大，这对亚洲至关重要。如果亚洲市场反弹，这将对整个资本市场的健康发展起到积极作用。"

【讲解提示】

以上两句中包含了财经领域中常用的四个专业名词，分别为"IPO"（首次公开募股)、"primary market"(一级市场)、"equity capital market"(股权资本市场)、"capital market(资本市场)"。例如,"primary market"是金融市场中的"一级市场",是筹集资金的公司或政府机构将其新发行的股票和债券等证券销售给最初购买者的金融市场。

【例 12】

原文:Analysts broadly agree that China has experienced capital outflows on an unpresented scale. But they disagree about their size, causes and the risk to the economy.

译文:分析师们大多同意中国经历了空前规模的资本外流,但他们对于资本外流的规模、原因及其对经济构成的风险各执己见。

【例 13】

原文:Now, with the Federal Reserve preparing to raise interest rates and Chinese stock market suffering big losses, capital flow trends have taken on even greater importance. Higher US rates are likely to draw capital out of China and other emerging markets, which could place even greater downward pressure on Chinese share prices.

译文:目前随着美联储准备加息、中国股市遭遇重挫,资本流动趋势显得愈发重要。美国加息可能从中国等新兴市场吸走资金,这可能给中国股价施加更大的下行压力。

(二) 意译

很多时候由于文化上的差异和语言表达方式上的不同,英汉互译时意译的策略是非常必要的,它可以帮助目的语读者理解,从而避免不解与误解。2009年3月报道美国财政部计划剥离银行不良资产时,中央电视台一开始把"to take toxic assets off bank balance sheets"翻译成"清除银行有毒资产"。这样直译恐怕很多中国观众都不了解,难道资产还分成有毒的和无毒的?很快,这个词的翻译修改成了"不良资产"。虽然还有人不是非常了解什么样的资产算是不良资产,但这样意译消除了很多人的迷惑和误解。且英语财经类新闻常使用一些动词,而汉语使用的词汇较有"架势",多用四字短语,辞藻较为华丽。所以在准确的前提下,有时候要做适当的变通处理,改变或舍弃源语形象以达到准确传达原文的意思,使译文在译语文化中实现其"预期功能"。

【例 14】

原文:The exchange stepped up its expansion effort in June by agreeing to buy the London Metal Exchange in a deal valued at $2.18 billion, a move that gives it instant entry into commodities trading as China's appetite for metals grows.

译文：今年6月，交易所加快了其扩张的步伐。它同意收购伦敦金属交易所，本次交易价值达21.8亿美元。随着中国对金属的需求不断增长，此次交易让其迅速跻身大宗商品交易市场。

【讲解提示】

英语原文中"step up"的意思为"加快,加紧,增加"，如果直接放在汉语译句中，对中国读者来说显得很死板、生硬、不够接近中文的习惯表达方式。如果使用意译策略，译成"加快……步伐"更符合汉语的表达习惯，表达更生动、具体、形象，在译入语文化中更能达到其"预期功能"。

【例 15】

原文：What foreign businessmen find encouraging is that ideology is no longer in the driver's seat.

译文：令外商感到鼓舞的是意识形态问题不再左右一切了。

【例 16】

原文：Ziggo holds the distinction of being the largest IPO by proceeds in the world for the quarter, raising $1.2 billion; DKSH was the second-largest, at $897 million, according to Dealogic.

译文：据数据提供商迪罗基的数据显示，Ziggo拔得头筹。它的首次公开募股收益在本季度排世界第一，筹资12亿美元。大昌华嘉排名第二，筹资8.97亿美元。

【讲解提示】

在本句中采用直译法较为困难，所以使用意译法，把一句具有复杂修饰限定成分的英文，分成几小句汉语短句。"hold the distinction"为"享有(荣誉、成绩等)"的意思，译成"拔得头筹"这个四字短语，对中国受众来说，既形象生动，又通俗简单，全面地传递了原文中的语义和文体特征。

【例 17】

原文：Capital outflows have become very sizeable and now eclipse anything seen in the recent past.

译文：资本外流的规模已变得非常可观，现在已位列近年第一。

【讲解提示】

"eclipse"的本义是"使……黯然失色"，然而在此处的语境内，需要对词义进行适当调整,将其意译为"超过",更符合语境和文本的语体色彩。

(三) 词性活用

英语和汉语在词汇层面有很大区别。英语善用名词,属于静态语言;汉语善用动词,属于动态语言。英语语法具有刚性,有严谨的主谓结构;汉语语法具有柔性,主语和谓语形式多样,主语和谓语都可以是名词,也可以是动词、形容词等。因此,英汉翻译中词类转换非常普遍。

【例 18】[①]

原文:Though not perhaps the most consequential of the looming reality checks, the outcome of a brewing debate over a proposed border-adjusted tax plan could prove a taste of things to come.

译文:即将面临的情况尽管可能不是最糟糕的,但是也会令人头疼不已,由于边境调节税计划提案,一场争论正不断升级,或许是这点的佐证。

【讲解提示】

"proposed"一词在例句中做形容词修饰"border-adjusted tax plan",可将其译为名词"提案"。翻译即语义表达,只要能够生动地传达原文的语义,语言词汇的词类变化并不是首要问题。

【例 19】

原文:The growing Fed activity has coincided with a general widening of market spreads—the difference between bid and offer prices—as the number of market participants declines.

译文:在美联储交易活动不断增加的同时,随着市场参与者减少,市场利差(出价和要价之间的差额)普遍扩大。

【例 20】

原文:Indeed, plans for tariffs could generate a speedy rise in the dollar, squeezing goods exporters before tariffs take effect.

译文:各种关税计划的确可能加快美元升值,在生效前即让出口商感受到实实在在的压力。

【讲解提示】

此句是英语形容词转译为汉语动词的译例。"speedy"是形容词,"rise"是名词,由于英文多用名词,中文多用动词,可将形容词"speedy"转译为动词"加快",

---

① 张倩. 财经新闻英译汉词性转换的实践报告[D]. 大连:大连海事大学,2014.

将名词"rise"转译为"升值",变名词短语"a speedy rise"为汉语兼语式短语"加快美元升值"。

【例 21】[①]

原文:On September 20th the Fed will probably announce that it is putting QE into reverse.

译文:美联储或许将在9月20日宣布收缩量化宽松规模。

【讲解提示】

此句是英语名词和形容词转译为汉语动词的译例。英语有严格的主谓结构,一个句子一般只会存在一个谓语,而汉语语法较灵活,一个句子中常出现两个或以上的动词,形成连动式谓语。例句中"putting"是现在分词做表语,"reverse"是名词,可将这两个词都译为动词,与原文中的动词"announce"构成连动式谓语"宣布收缩"。

【例 22】

原文:For those who believe China's economic slowdown is worsening and risks from spiraling debt and wasteful investment are propelling the country toward a financial crisis, the spectre of capital flight lurks behind each new data point.

译文:对那些认为经济增长放缓加剧,同时来自债务负担加重和投资浪费的风险正推动中国滑向金融危机的人来说,每一个新的数据点背后都隐藏着资本外逃的幽灵。

【讲解提示】

在翻译"spiraling debt and wasteful investment"时,将形容词性的"spiraling""wasteful"转为名词词性,译为"债务负担加重和投资浪费",使译文更加符合汉语的表达方式。

【例 23】

原文:They believe that domestic liquidity concerns are unwarranted since the People's Bank of China has plenty of new mechanisms to expand the money supply to replace the liquidity once created by foreign capital inflows.

译文:他们认为,没有必要为中国国内的流动性担忧,因为中国央行有很多新的机制可以扩大货币供应量,取代一度由外资流入创造的流动性。

---

① 张倩. 财经新闻英译汉词性转换的实践报告[D]. 大连:大连海事大学,2014.

【讲解提示】

在翻译过程中,将名词词性的"concerns"译为动词词性,使译文更加通顺、流畅。

五、财经新闻的句式翻译

(一) 拆分与重组

英汉两种语言的句子结构存在差异,英语句子多如树状结构,而汉语句子呈竹式结构。在英语中,一个复杂的句子通常由一个主干句和一些修饰限制成分组成,呈现英语的形合特点。而在汉语中,主要依靠语义联系和贯通来实现其逻辑关系,形散而神不散,因此汉语是意合型的语言。

财经新闻的及时性和全面性特点,使得句子通常包含最大程度的信息量,因此句子偏长,逻辑关系复杂,翻译时可以打乱原文的语句安排顺序,分成若干语言单位,然后按照汉语的逻辑关系与表达习惯,重组这些语言单位,最后用符合译入语逻辑关系和表达习惯的句式传达原文的内容。

【例 24】

原文:The City of London Corp. is forming a working group with five leading banks as well as the U.K. Treasury, the Bank of England and the Financial Services Authority to support growth of yuan business in the city.

译文:伦敦金融城公司为支持本市人民币业务的发展,正在筹建工作小组,该工作小组由五家主要银行和英国财政部、英格兰银行和英国金融服务管理局组成。

【讲解提示】

例子中的句子由一个主干句"The City of London Corp. is forming a working group to support growth of yuan business in the city"和"枝干"句"with five leading banks"和"as well as the U.K. Treasury, the Bank of England and the Financial Services Authority"组成,它们通过介词"with"和连词"as well as"连接在一起,实现形合。

【例 25】

原文:Japan showed a slight improvement, with eight companies raising $198 million, compared to the seven that raised $206 million in the first quarter of 2011.

译文：日本市场的状况稍微有所改善，首次公开募股的 8 家公司筹集了 1.98 亿美元，而 2011 年第一季度，仅有 7 家公司，筹集了 2.06 亿美元。

【讲解提示】

英文原句中通过 "with" 和 "compared to…" 过去分词从句连接到主干句 "Japan showed a slight improvement" 上。翻译成汉语时，需要把英文中的逻辑关系厘清，然后按照汉语的逻辑关系和句法结构重组语言单位。此句可把英语中原来较长的语言单位化作汉语中较小的语言单位，让译文符合译入语的表达方式，适应译入语读者的阅读习惯。

【例 26】[①]

原文："Dual-class" structures were common in America in the 1920s but were largely stamped out in a populist campaign led by William Ripley, a Harvard professor who labeled the practice a "crowning infamy" to "disenfranchise public investors", according to a paper by Stephen Bainbridge of the University of California Los Angeles.

译文：加利福尼亚州大学洛杉矶分校的斯蒂芬·班布里奇的一篇论文研究表明，在 20 世纪 20 年代的美国，双重结构还是很普遍的，但很快这种结构中的大多数都被哈佛大学的威廉·里普利教授所领导的民粹主义运动所消灭，该教授还给这场运动贴上了"无比的耻辱""剥夺公众投资者"的标签。

改译：加州大学洛杉矶分校斯蒂芬·班布里奇撰写的一篇论文指出，"双重股权结构"在 20 世纪 20 年代的美国很常见，但在哈佛大学教授威廉·里普利领导的一场民粹主义运动中，这种做法在很大程度上被取缔。里普利教授给这种股权结构贴上了"无耻剥夺公共投资者权利"的标签。

【讲解提示】

该句子在进行翻译时，主要的难点有三处：一是固定表达；二是句子很长；三是句式结构较为复杂，是非简单句。翻译的关键是能够把握核心句的重组。

【例 27】

原文：Once again, the stability of the international order requires economic adjustments which are beyond the political capacity of the major governmental players and supranational authority, as we see in the case of the on-going euro zone crisis or American down grading, or the Chinese trade surplus.

译文：这些都再次表明，稳定国际秩序需要采取经济上的调节措施，而这些

---

① 陈琳琳. 2016 年《华尔街日报》财经新闻翻译实践报告[D]. 青岛：青岛大学，2017.

却超出了主要国家及超国家组织的政治能力。这一点我们从当前的欧元区危机、美国债务信誉下降或中国贸易顺差中就可以看出。

【讲解提示】

此句通过使用关系代词"which"、连接词"or"和连接副词"as"让句子的结构不断向尾部延伸。通过拆分和重组可厘清句子逻辑关系,使译文通顺。

(二) 增译与减译

财经类文本的语言相对精练,译者在翻译过程中为了避免译文生硬晦涩,需要结合语境,适当应用增译法。另一方面,为使译文简洁、流畅,也可以使用减译法,适当删除可有可无的词语,同时又能保持译文的准确性和完整性,这一方法在翻译英文财经报道中使用广泛,如实词中的代词、动词的省略等。

【例28】

原文:Finally, they note that while China has liberalized capital flows significantly, remaining controls still severely limit the ability of investors to transfer large sums abroad.

译文:最后他们指出,虽然中国已经显著放开资本流动限制,但尚存的管制措施依然严重限制投资者将大笔款项转移到境外的能力。

【讲解提示】

通过联系上下文语境,并分析句子之间的逻辑关系,将"liberalized capital flows significantly"结合语境,增译为"显著放开资本流动限制",并且为了将句中隐含的逻辑关系翻译出来,增译了转折连词"但",更能贴切地表达原作者的意思。

【例29】

原文:In a report published several days after Mr Panigirtzoglou's, JPMorgan's own chief China economist, Zhu Haibin, obliquely contradicted his colleague's estimate by citing several reasons that made him believe that the estimates were inflated.

译文:在潘尼吉左格鲁的报告发表几天后,摩根大通的首席中国经济学家朱海斌委婉地反驳了同事们的预估,他举出了几条理由,以证明同事们的估算数据偏高。

【讲解提示】

本句为较长的复合句,其中包括插入语成分、定语从句、宾语从句,且定语从句中嵌套着宾语从句。通过梳理句子结构,并适当运用增译的翻译策略,在翻译

"by citing several reasons that made him believe that the estimates were inflated"时,调整句子结构并增译"他举出了",使句子的流畅性和可读性都得以增加。

【例 30】

原文:It is important for enterprises to understand what happens in the end market and have the ability to move products and shift promotions around different channels based on market analysis and data.

译文:对于企业来说,洞悉到终端市场到底发生了什么是非常重要的,同时也要有根据市场的分析和数据在不同渠道逐渐更迭产品和推广方式的能力。

【讲解提示】

根据原文的上下文,有些动词要通过增加适当的副词才能确切表达原意。原句中强调,企业通过洞悉终端市场来不断更迭产品和销售方式的能力十分重要,加上"逐渐",体现出了这一变换过程,使译文更完整饱满。

【例 31】

原文:It is regrettable that our business is still bad although we have marked down our price considerably.

译文:尽管我方已大幅下调价格,但经营状况仍未见好转,这很令人遗憾。

【讲解提示】

本句中的代词"it"在词句中没有实际意义,若非要译出不可,则是代词做了主语,不如删掉"it",使用"我方"更有感情色彩,译为"我方深感遗憾",因为只有人才会感到"遗憾"。

【例 32】①

原文:同兴药业还称,2012 年 2 月,白云山按照广药授权独资成立王老吉大健康公司,并将本应注入合资公司的"王老吉"商标,交由王老吉大健康使用生产销售红罐凉茶,此举严重挤占其合资公司的市场份额和竞争力。

译文:Tong Xing Pharmaceutical also claimed that in February 2012, Guangzhou Baiyunshan Pharmaceutical Holdings Co., Ltd established Guangzhou Wanglaoji Health Industry Co., Ltd as a sole proprietorship authorized by Guangzhou Pharmaceutical Group, and handed over the "Wanglaoji" trademark that should have been injected into the Joint Venture to Guangzhou Wanglaoji Health Industry Co., Ltd for the production and sale of red-canned herbal tea, which has seriously crowded out the joint venture's market share

---

① 阎海鸥. 增译和省略的应用——财经新闻翻译实践报告[D]. 大连:大连海事大学,2015.

and competitiveness.

【讲解提示】

汉语的虚词没有实际意义,包括助词、介词、连词和语气词,其主要作用在于表达实词与实词或实词与虚词之间的语法关系,起到附着和连接的作用。助词中的时态和结构助词,如"着""了""的""过"等,在原文中往往没有实际意义或者是意义比较抽象,只是起到辅助的作用,因此在翻译时,不必译出。如此例中的"了"并无实际意义,因此在翻译时不必将其体现出来。

【例 33】

原文: 杨燕绥认为,未来提高劳动人口的人力资本和赡养能力,积极促进大龄人口就业和进行养老资产积累,提高老年人口消费和购买力,是中国"银发经济"的发展战略。

译文: Yang Yansui believes that the development strategy of "silver economy" is to improve the human capital and support capacity of the labour force, promote the employment of elder population and accumulate pension assets, and improve consumption and purchasing power of old population in the future.

【讲解提示】

汉语的一大特点是大量运用动词,多个动词可能同时出现在一句话中。汉语中的动词常用来突出句子的效果,因此意义相近的动词经常放在一起使用。由于翻译时受到汉语的影响,很容易将用一个动词就可以表示的动词短语也译成英文的短语形式,这样翻译出来的内容就较为拖沓,如,"进行一项调查",我们常常会习惯性地译成"make an investigation",如果这样来翻译的话,译文中要使用冠词,后面还要加上介词,较为烦琐,可直接译成"investigate"。此例中,"进行养老资产积累",翻译时就不需要译成"make an accumulation of",而是直接用"accumulate"这一动词即可,这样整个长句都十分清晰、简洁,符合译文表达习惯。

【例 34】

原文: He gave up the fight on June 14th, allowing the currency to drop by 5.3% against the dollar on a day that ended with his departure.

译文: 由于他 6 月 14 日放弃了这场斗争,在他离开的这一天,货币兑美元汇率下跌了 5.3%。

【讲解提示】

译文中"ended with"和"departure"重复,因此省略了"ended with",同时根

据句意和逻辑关系,增添了"由于"一词。

(三) 被动与主动互换

被动句在财经新闻中十分常见。通常翻译学者认为,凡是不必说出主动者、不愿说出主动者、为了连贯上下文等情形,往往都倾向于使用被动句。汉语中虽然也使用被动句,但是大多情况下是通过各种非被动形式来表达被动意义,通常靠词汇构成被动句,只有一小部分动词可用"被""受""挨"等词语构成被动式。

【例 35】

原文:And the repressive state-dominated financial system those savings are kept in is actually well placed to deal with repayment delays and defaults.

译文:而这些储蓄存放在国家主导的压制性金融体系中,实际上完全有能力应对还款延迟和违约问题。

【讲解提示】

这样短短的一个句子竟含有两个被动句,前一个被动句将地点状语提前,不仅凸显地点这个新闻六要素之一的"where",第一时间告知读者存款所处的位置,而且很好地起到了承前启后的作用,使得后面一个被动句紧跟而来,无须再把两个被动句拆成两句话,这也符合新闻简洁的要求。

【例 36】

原文:A disproportionate share of China's investment is made by state-owned enterprises and, in recent years, by infrastructure ventures under the control of provincial or municipal authorities but not on their balance sheets.

译文:国有企业,以及近些年在省市政府的管理下但未出现在资产负债表上的基础设施建设企业导致中国投资比例的失衡。

【讲解提示】

例句中的主语在汉译后成了译文的宾语,这与中国人的说话习惯有关,汉语的表达一般是先因后果,因此,汉译时,将因放在前、果放在后,就译成了主动句。

【例 37】

原文:Banks and their shareholders were thrown last week when the EU pushed through a long-debated plan to cap senior bankers' bonuses at the level of their salaries—or twice that tally with the express approval of investors. The rules are set to come into force in January 2014.

译文:上周,欧盟出台了一项辩论已久的计划,规定高级银行家的奖金/工资比例上限为 1∶1,或者在投资者明确批准的情况下提高至 2∶1,这让银行及其股东有些措手不及。新规将于2014年1月生效。

【例38】

原文: But the contribution of foreign demand to China's growth has always been exaggerated, and it is now shrinking.

译文: 但是,国外需求对中国经济增长的贡献却一直被夸大,其实,这种需求正在缩小。

【讲解提示】

并非所有的英语被动句都要译成主动句,汉语中也是存在被动语句的,但一般带有消极的色彩,通常是表示不如意或不企望的事情。此句汉译后还是被动句,且直接用"被"译出,主要是因为国外需求对中国增长的贡献正在缩小,却被认为在扩大,这没有尊重事实,译成被动句色彩更加强烈。

【例39】

原文: If they could issue debt guaranteed by all their partners in the euro zone, they would not find it so hard to borrow money.

译文: 如果他们可以发行由欧元区成员国担保的债券,那么借款问题就没那么棘手。

【例40】

原文: International institutions will be pressured to reform more seriously.

译文: 国际机构也被迫进行重大改革。

【讲解提示】

以上两个例句的译文保留原文的被动形式,借助汉语的"被""为"等词语译出。适用这种方法的句子都是着重被动的动作。

六、财经新闻的篇章翻译

(一) 标题

短小简单、生动形象的措辞不仅增强了新闻的简洁性和可读性,而且还节省了版面篇幅,让读者在最短的时间内了解文章内容,吸引读者兴趣。

【例41】

原文: Wirecard CEO Resists Calls to Quit, Plans Business Overhaul

Laid-off workers may have to give up unemployment benefits as states reopen

Wondering if you can skip your mortgage payment?

【讲解提示】

如以上三个标题中,若要表示"放弃"这一概念的动词,一般不会用 abandon,而是使用 quit、skip、drop、give up 或 yield 等。

【例 42】

原文:London Woos the Yuan

译文:英国向人民币示好

【讲解提示】

运用到这篇报道中再也合适不过。该篇新闻主要报道了伦敦为抓住中国人民币国际化发展的机会,通过组建工作小组、发布能力报告等努力争取成为人民币离岸交易中心。这篇报道的题目中巧用了一个"woo"。"woo"原本的意思是"追求,争取,向女子求爱",用在这里形象生动地表现出伦敦对人民币的追捧,以及迫切想成为人民币交易中心的希望。

【例 43】

原文:China's Latin Focus

译文:中国瞄准拉丁美洲市场

【讲解提示】

此篇报道是财经版的头版新闻,文中报道了中国在促进人民币国际化的进程中,瞄准拉丁美洲市场,以人民币贷款的形式支持拉丁美洲的项目,以此来扩大人民币在国际贸易中的作用。全文 800 多字的内容全部浓缩在头版标题这个名词词组中,主客体分别为中国和拉丁美洲。"focus"一词短小精悍、简单生动,用在这里既使题目表意朴实明了,又能提领全文要义。

(二) 引语

财经新闻为了显示其文章的可信度和专业性,通常会添加大量专业人士和相关人员所发表的言论,即在篇章上,财经新闻中会出现大量引语,而这类引语又可分为直接引语和间接引语。

【例 44】[①]

原文:"IPO volume is still down from last year, but the last couple of weeks have given the markets a little more cause for optimism. I expect, as-

---

① 孔维晟,赵江宁. 财经新闻报道的翻译原则及策略[J]. 安徽师范大学学报(人文社会科学版),2010,38(02):237—240.

suming the market stays constructive, that issuance will continue to improve," said Joe Reece, global head of equity capital markets for Credit Suisse Group.

译文：瑞士信贷集团全球股权资本市场部的负责人乔·里斯说："上市数量仍低于去年，但过去几周市场表现转好，让对市场持有乐观态度的人们非常欣喜。我预期，假如市场保持向乐观的方向好转，股票发行将会继续得到改善。"

【讲解提示】

例句中的引语属于直接引语，也就是把人物话语原汁原味地"搬"来，保留了人物话语的各种特征，如说话人的立场和态度、职位高低、接受文化程度等。但是由于汉语表达的习惯，会先提及说话人，然后再引出说话人的内容，所以应遵照汉语的表达习惯，将说话人放在前面。英语原文中直接引用的话语，要按照原文话语的风格特点等译出。

【例 45】

原文："The homebuilder space is one we believe is worth watching. Home builders and companies related to the housing industry are now starting to trade robustly in the market, and that's a sector where sponsors have invested and they will want to monetize some of those investments when markets allow," she also said.

译文：她还说道："我们认为房屋建筑商空间是一个值得关注的领域。现在房屋建筑商和与房地产相关的公司开始在市场上表现活跃。那正是赞助商所投资的领域，并且如果市场允许，他们将会把其中一些投资兑成现金。"

七、课后翻译练习

1. 将下列段落翻译成汉语

(1) Battered auto-parts makers are suddenly looking like hot plays for some of Wall Street's biggest investors.

(2) Goldman Sachs analysts led by New York-based chief foreign exchange strategist Robin Brooks raised the alarm with their estimate that net capital outflows in the second quarter alone totaled about $200bn.

(3) Merica's inefficient corporate-tax system has remarkably high rates but leaks like a sieve, yielding a pitiful tax take.

(4) An improving demand climate is reflected in upbeat surveys of manufacturing purchasing managers across Asia and in the rich world.

第七章　财经新闻翻译　　115

(5) A year ago the commission levied a fine of 2.4bn euros on Google for using its clout in search to steer users away from rival offerings and towards its own comparison-shopping.

(6) Lisa Cosmas Hanson of Niko Partners, a tech consultancy, thinks the ministry of education may have viewed this broader regulatory hardening as a chance to further its own quest to shield youngsters from the gaming frenzy.

2. 将下列段落译成英语

(1) "资本流出增加的趋势,反映了放开对外投资的政策措施,也反映了国内缺乏稳定的投资机会。股价波动和对经济增长前景的担忧也是助长资本流出的短期原因",国际货币基金组织中国部前负责人埃斯瓦尔·普拉萨德表示,他的言论综合了乐观和悲观两个阵营的观点。

(2) 特克-科明科公司收购的条件是,国际镍业公司放弃与鹰桥的交易。

(3) 投资者不愿意陷在"僵尸基金"中,也不愿意向其投入更多的钱,这是可以理解的。

(4) 新西兰可以作为一个参考。1973 年,受英国正式加入欧洲经济共同体(EEC)的影响,新西兰的贸易状况可能比其他国家的都要差。

(5) 各国政府一直努力限制经济中潜在的危险;提供中长期贷款,增加各银行的资金流动性;利用"政策银行"(如国家开发银行)建设政府主导融资的基础设施。

(6) 正如本文所展现的这种转变是完全可行的,因为它需要的不是在范式上作出什么激烈的转变,而是一个循序渐进的拼装,把不同的现有数列同估测得出的调整数据组合在一起,从而得出一套方案,以便具体了解在不同国家究竟是什么在推动或限制就业。

(7) 在新工党执政时期,前工业区在国家福利系统的扶持下维持着发展。这一国家福利包括公共救济金和就业资助,然而由于公共开支即将被削减,这些福利也随即将被取消。

【参考译文】

1. 将下列段落翻译成汉语

(1) 经营惨淡的汽车零配件公司突然摇身一变,变身为一些华尔街富豪眼中的香饽饽。

(2) 以常驻纽约的首席外汇策略师罗宾·布鲁克斯为首的高盛分析师拉响了警报,他们估计,仅第二季度的净资本流出总额就达到大约 2000 亿美元。

(3) 美国公司税税制效率较低且税率极高,但是却像筛子一样漏洞百出,因此企业税税收收益低得可怜。

（4）从制造业采购经理人乐观的调查数据中可以看出，亚洲和富裕国家地区的需求与日俱增。

（5）一年前，因谷歌利用搜索力来引导用户远离竞争对手的产品，从而转向自己的比较购物服务，该委员会向其征收了24亿欧元的罚款。

（6）科技咨询公司Niko Partners的莉萨·科斯马斯·汉森认为，教育部可能已经将这种更广泛的监管强化视为一次契机，可以进一步保护年轻人免受游戏狂潮的影响。

2. 将下列段落翻译成英语

（1）"The trade of rising outflows reflects policy measures to facilitate outward investments and the lack of stable domestic investment opportunities, with an additional short-run boost in outflows due to stock price volatility and concerns about growth prospects," said Eswar Prasad, former head of the China division at the IMF, in a nod to both the bullish and bearish views.

（2）The Teck bid is conditional on Inco abandoning the deal with Falconbridge.

（3）Investors were understandably unhappy at being stuck in "zombie funds" or even being asked to chip in more.

（4）One possibility is a country whose trading patterns were perhaps more disrupted than any other's by Britain's accession to the European Economic Community (EEC) in 1973: New Zealand.

（5）The authorities have tried to limit the potential damage to the economy: by giving banks liquidity for medium-term loans, and through state-directed finance for infrastructure by "policy banks", such as China Development Bank.

（6）As this article demonstrates, this kind of shift is perfectly practical and immediately within the realm of the possible because it requires not so much a radical change of paradigm but a progressive kind of a bricolage which puts together different existing series, rework figures by estimation and thereby puts together a case-specific understanding of what drives and limits employment creation in different national cases.

（7）Under New Labour, the ex-industrial regions were being kept afloat by a kind of social settlement which combined publicly funded employment and benefits; this is now being withdrawn with the impending public expenditure cuts.

第八章 金融文本翻译

一、金融文本翻译概述

人类已经步入金融时代、金融社会,金融无处不在并已形成一个庞大体系。金融学涉及的范畴、分支和内容极为广泛,如货币、证券、银行、保险、资本市场、衍生证券、投资理财、各种基金、国际收支、财政管理、贸易金融、地产金融、外汇管理、风险管理等。中国金融市场正在走向国际化,迫切需要专业性很强的人才。中国金融市场日益国际化的特点,使得掌握专业金融英语和翻译技能的需求日益明显。因此,本章将针对金融英语的语言特点,总结金融英语翻译原则,具体分析金融文本中词汇、句子、篇章的翻译方法和技巧,以期为今后相关金融英语的翻译实践和金融英语翻译教学提供一定的参考价值和现实指导意义。

二、金融文本的语言特点

(一) 词汇特点

第一,语言简洁。典型的金融语体是一种明确可靠且具有权威性、能用来管理金融界并调节市场、解决矛盾的语言。简明的金融术语可以提高金融活动的时效性,加速信息的传递。翻译时通常都可直接对译,尽量保持语句清晰明了。同时,缩略语可以体现金融文本汉译英的简洁性。随着金融市场的发展和产品的创新,缩略语词汇简练,体现较强的专业性。因此,查询确定缩略词的翻译也是译者需注意的问题,如"增值税"(VAT)、"国际收支平衡"(BOP)。

第二,专业词汇。金融报告类文章主要阐述金融动向,分析金融走向,为金融工作提供参考,具有明显的专业性和实用性。这类文章的翻译需要一定的专业水平以及对金融相关背景的一定了解。因此翻译要在掌握相关领域专业词汇的基础上进行。并且,金融专业词汇在日常用语中有特有义项,需要加以辨别。

例如,"资信状况"的固定专业用语是"credit standing",而不能使用日常用语"situation";"appreciate"在金融文本中译为"货币升值",而非"欣赏";还有一些专业名称、固定搭配的翻译,要注重国际惯例和约定俗成,需要查询权威官方词典加以辨别,如"公司章程"只能翻译为"articles of incorporation",不能翻译为"company terms and conditions"。

第三,与时俱进。社会的变化对金融业的影响逐渐增强,许多金融词汇也烙上了现代生活的印记,如"网上银行"是随着个人计算机的普及以及网络应用的多功能化而出现并深深影响人们生活的;此外,一些金融业产品,诸如银行针对大大小小的民营公司、合资企业或者国有企业以及个人所设立的贷款或理财产品可谓五花八门。例如,如今银行推出了针对个体农户的产品"兴农贷"、个人金融的"小额贷"等,体现了金融词汇不断更新创新的特点。

(二) 句法特点

一方面,金融英语中往往长句较多,且句式结构复杂而冗长。句中常常带有插入成分、从句等限定及说明成分。此类句式不仅能表达复杂的意义,使结构紧凑,行文严谨,而且通过词序的调整和排列使主要信息得到强调,同时增强文章的正式程度。而为使论述具有客观性、说服力、可信度,此类文本中较多使用被动语态,以突出信息本身。

【例 1】

原文:During the Civil War, when the southern states who had most vociferously opposed a federal presence in banking were absent, Congress created the National banking system to help finance the war, but also to create a uniform note issue and improve upon the flawed payments mechanism of the pre-Civil War banking system, under which a myriad of state bank notes circulated at varying rates of discount.

【讲解提示】

例 1 中共有 66 个单词,结构复杂,包含了定语从句、状语从句、过去分词做后置定语等语法现象。

另一方面,金融英语多使用无主句和被动句。金融类文本中句子通常不以人物为主语,而是以非谓语的动名词、名词化结构形式为主语,符合金融类文本专业性强、较为客观的特点,这提高了金融类文本的可信度,减少了主观色彩,使其语气更为庄重和严肃。被动句的大量使用使文章的语气更为正式,这有别于口语化的语言表达,多以人为主语来表达情感。

(三) 语篇特点

金融文本语篇的特点表现在连贯手段、文本格式等的规范性使用上,翻译时也要保证符合原文的整体语篇连贯,文本格式规范统一,且正式、庄重。例如在《中国银行中小企业服务手册》这一金融类文本中,每篇产品介绍均有"产品简介、适用客户、产品特点、货币种类、客户申办条件、客户提供资料、投产地区"等固定描述,那么翻译时也要注意在统一规范、保持格式一致的前提下,选择具体对应翻译词汇"Introduction, Target customers, Features, Customer bid for the conditions, Materials attached for applicant, Zone of application",这些词语同时也是已经确定的,不得随意变更,以保持行文的一致和规范。

三、金融文本翻译的基本原则

(一) 专业化原则

金融行业是涉及很多专业词汇的领域,需要翻译人员掌握相关的专业术语。金融英语这类以职业为目的的英语,具有较强的实用性、知识性和专业性,其词语体系主要由金融专业术语、金融工作常用词语和民族共同语中的其他基本词和非基本词构成,其中金融术语是金融语言词汇体系中的重要成员,特色十分鲜明。

【例2】

原文:If current laws remain in place, the federal budget deficit will total $468 billion in fiscal year 2015, the Congressional Budget Office estimates, slightly less than the deficit of $483 billion posted for fiscal year 2014.

译文:据国会预算办公室估计,如当前法律保持不变,联邦赤字在2015年财政上亏空4680亿美元,比2014年公布的4830亿美元亏空略少。

改译:据国会预算办公室估计,若当前法律保持不变,联邦赤字在2015财年赤字为4680亿美元,略低于2014年公布的4830亿美元。

【讲解提示】

此句的"fiscal year",通过查阅《朗文双解词典》,可知词义为"政府用来计算支出和个人、机构所需缴纳的税费的周期,长达12个月",并没有指出具体的时间节点,再通过搜索维基百科,找到相应的解释,即从上一年的10月1日起至下一年的9月30日为一个财年周期。据此,对原译文进行了修改。

【例3】

原文：The largest increase was for Medicaid outlays, which grew by $36 billion (or 13.6 percent) last year, mostly because a little more than half the states expanded eligibility for Medicaid coverage under the provisions of the Affordable Care Act (ACA).

译文：较前一年，医疗补助支出增长360亿美元（13.6个百分点），占比最大。主要是因为超半数的州依《可负担保健法》扩大了医疗补助的覆盖范围。

改译：医疗补助支出较上年增长了360亿美元（13.6个百分点），占比最大。主要原因是超半数的州政府依据《平价医疗法案》扩大了医疗补助的覆盖范围。

【讲解提示】

"Affordable Care Act"在原句中并不能按照字面意思翻译为"可负担保健法"，而是美国医疗体系中实施的《平价医疗法案》。

【例4】

原文：Tax policies, including individual and corporate income tax rates, can restrain or encourage economic activities by changing their relative prices.

译文：税收政策，包括个人和企业收入的税率，可以通过改变他们的相对价格来约束或鼓励经济活动。

改译：税收政策，包括个人和企业所得税税率，可以通过改变他们的相对价格来约束或鼓励经济活动。

【讲解提示】

在原译文中，"corporate income tax rates"被译为"企业收入的税率"，经查阅词典，"income"一词有"收入、收益、所得"之义，根据平行文本确定"corporate income tax rates"是"企业所得税税率"，这一专业术语的翻译不只是简单的词义对应直译，这样就只停留在词汇的表层词义对应上，而不是经济的专业术语。专业术语不能随便翻译，否则就忽略了其在特殊语境下的特殊意义，造成词义偏差。

（二）关联原则

关联翻译观的基本观点是，要达到翻译的成功，关键在于创造一种最佳关联性的期望，即译者希望他试图进行的解释能以最低的加工成本产生足够的语境效果，即读者不用花不必要的努力便可从中得出足够的语境效果。关联原则要求译文必须符合读者的期待，要为其提供充足完善的语境信息，不让读者花费不必要的努力去理解译文的某些内容。例如，"swap"不能翻译为"交换"，而应翻译成"掉期",翻译出来的汉语要符合读者的使用习惯。又如,"honor"不能翻译成"荣誉",而应翻译成"信誉,信用"。

【例 5】

原文:With Republicans in Congress and Barack Obama unable to agree on how to fund the government or raise the Treasury's statutory debt ceiling, the risk of a government shutdown loomed large in the minds of Fed officials.

译文:由于国会的共和党议员与贝拉克·奥巴马无法就如何资助政府或提高国债的法定债务上限达成一致,政府关门的庞大阴影在联邦官员的脑海挥之不去。

【讲解提示】

此句中的"debt ceiling"不是债务天花板的意思,而意为"债务上限","treasury"意为"国库券"或"国债"。这些形象化的词组应该符合读者对中文文本的期望,读起来才有专业金融文本的意味。

【例 6】

原文:Gross federal debt consists of debt held by the public and debt issued to government accounts.

译文:联邦总债务由公共支出债务与政府账户上的债务构成。

改译:总联邦债务由公共支出债务与政府欠债构成。

【讲解提示】

翻译时,"account"一词不可想当然地理解为"账户",因为"account"不仅仅有"账户"的意思,还有"欠债,会计,账目,账单,客户"多个意思,而在新闻报道中,"account"还有叙述描写、报道的意思。通过对原文目的读者的分析,对此处"account"的词义选择为"欠债"。

【例 7】

原文:The jump next year results primarily from the expiration of certain tax provisions that reduce tax liabilities; if all of those provisions were extended, as they have regularly been in recent years, the increase in revenues from 2015 to 2016 would be much smaller, and revenues throughout the projection period would be lower as a share of GDP.

译文:接下来一年的税收增长主要因为减税条款到期;如果所有减税条款如近几年一样被延期,那么从 2015 年到 2016 年的税收收入涨幅将减小,整个预期阶段的税收将占国内生产总值更小。

改译:下一年税收的猛增主要是减税条款将到期;若如近几年一样减税条

款延期,则 2015—2016 年税收仅有小幅增长,10 年间预期税收 GDP 占比会更小。

【讲解提示】

此处的句子中包含分句也含有状语从句。条件状语从句"if all of those provisions were extended"和方式状语从句"as they have regularly been in recent years"的翻译先后顺序在此句中需要斟酌。翻译时将原文中后面的"as"引导的方式状语从句放在"if"条件状语从句前面,这样在表达方式上更加符合汉语的表达方式。

【例 8】

原文:Similarly, subsidies that help people who meet income and other eligibility criteria purchase health insurance through exchanges and meet their cost-sharing requirements, along with related spending, are expected to increase by $30 billion this year, reaching a total of $45 billion.

译文:与之相似,达到收入标准和其他用现金购买医疗保健的标准的人以及共同支出费用的补贴,以及相关的支出,今年会增长 300 亿美元,达到总计 450 亿美元的规模。

改译:与此相似,今年用于对符合现金购买医疗保险标准的人的补贴、政府与个人共同承担的支出补贴,以及与此相关的支出预计增加 300 亿美元,达到总计 450 亿美元。

【讲解提示】

原译文中定语修饰成分过长,无法厘清前后的修饰关系,没有达到对先行词"subsidies"(补贴)的正常修饰作用。通过重新整合,采用重复先行词"补贴",将定语从句中的修饰成分化为具体所指,拆分为两个成分,分别为"对现金购买医疗保险的人的补贴"和"政府与个人共同承担的支出的补贴",这样将定语从句的修饰成分分开指出,通过补出先行词,便于读者阅读和理解,也使得译文读起来节奏感更好。

(三) 忠实原则

忠实原则要求译文不违背原文,忠实于原文,也被称为语际连贯原则,即强调译文和原文的连贯性。同时,忠实的程度和形式取决于目的原则,译文对原文所传达的内容可最大限度地忠实,也可最低程度地忠实,即这种忠实是可以有一定弹性的,具体弹性如何则要看具体的翻译目的。

第八章 金融文本翻译

【例9】

原文：Most mutual funds are known as open-end funds. They issue as many shares as investors wish to buy. The share price is based on the value of all the assets the fund owns divided by the number of shares of the fund has issued。

译文：多数共同基金为开放式基金，投资者想买多少份，他们就发行多少只股份，而股价是基于该基金拥有的资产总额去除以其发行总量。

改译：大多数共同基金是开放式基金。投资者想买多少，基金管理人就发行多少份基金。基金净值是基于该基金拥有的资产总额除以其发行总份额得出的。

【讲解提示】

此例中主要探讨"share"一词的翻译。原译翻译为"股份"，乍一看似乎没有任何问题，但仔细考量，发现翻译得并不准确。例子第一句就谈到了共同基金，所以"share"一词是在说基金的事情，而非股份。在国内，购买某一具体的基金品种时都是按"份"，而不是按"只"申购和赎回，比如，"某投资者申购了多少份某某基金"，只有在谈到多个基金时，我们一般才会说"一只或者几只基金"。同样的，"share price"翻译成"股价"也是不对的，而翻译成"基金价格"，理论上方可以被读者和普通投资者理解，但也并不地道，"基金净值"才是较为准确的译文。

【例10】

原文：Sector funds are for investors who want broad exposure to a particular slice of the market that owning individual stock doesn't allow for efficiently.

译文：行业基金适合想大规模投资于某一特定市场领域的投资者，且该市场没有有效考虑到个人股的持有。

改译：行业基金适合投资于某一特定市场领域的投资者，同时，对于他们来说持有具体个股也不如直接购买行业基金的效果好。

【讲解提示】

此例中的难点主要是"individual stock"，此处"individual stock"不能直接使用英文词典中提供的"个人股"的译法。原译的意思根本不明，个人股和行业基金一点关系也没有，读者会更加看不懂。原文的意思是购买行业基金相比直接购买某个具体行业中的个股要更加有效率，效果应该更好。因为购买行业基金相当于购买了该行业中的一揽子股票，如果整个行业向好，那么基金就会获益，而购买具体个股，由于具体公司千差万别，即使行业向好，也不一定代表具体某个公司会受益，所以此处的意思是"个股"，而非"个人股"。

四、金融文本的词汇翻译

翻译金融文本时,可发现大量的专有名词、行业术语、缩略语及普通词汇的特殊化用法,对于英语专业的学习者,这确实是个不小的挑战。因此,译者必须充分发挥主观能动性,译前广泛查阅,明确术语含义,同时要熟悉金融文本的用词特点,在翻译时尽可能做到规范准确地传递原文信息。此外,要注意到金融英语中的一词多义现象,以及日常词汇次要意义变成金融英语中心意义的现象,还有词汇的语义引申,故译者应根据具体的语言环境确定词汇含义,适当取舍。

(一) 对译

首先,针对专业术语、专有名词,主要采取完全对译的方法。

【例 11】

原文:Banking crises can also have an international dimension as for example during the Baring Crisis of 1890-1891, the global instability of 1907, the Credit Anstalt crisis of 1931, the Asian Financial crisis, or the sub-prime crisis of 2007.

译文:银行危机也可能具有国际性,例如 1890—1891 年的巴林危机、1907 年的全球动荡、1931 年的信贷银行危机、1997 年的亚洲金融危机或 2007 年的次贷危机。

【例 12】

原文:Key elements of this era were: adherence to the gold standard and stable exchange rates; political stability attributable to Pax Britannica and the balance of power…

译文:这个时期的关键要素包括:坚持金本位,保持汇率稳定;英国强权下的和平时期和全球势力均衡带来的稳定政治环境……

【例 13】

原文:Foreign currency denominated debt was common in the 19th century sovereign debt contracts.

译文:外币计价债务在 19 世纪的主权债务合同中十分常见。

【讲解提示】

以上译文的画线部分均采用完全对译的方法,这是由专有名词和专业术语的单义性决定的,虽然一些词汇采用音译,但要注意已有规范和约定原则,不可随意变换用词。要做到此类词汇的准确翻译,就必须通过参考平行文本、增加阅读量、扩大知识面来实现。

(二) 意译

其次,应该注意到,金融文本中存在大量常用词汇"摇身一变"成为行业术语的现象,对此,译者应避免"不懂装懂",摒弃"先见""先把握",使用行业工具书,查阅相关资料,避免从词典的意义中去检索,防止专业误译。同时,各国文化的不同也要求译者在翻译过程中,不但要理解词语的字面意义,而且要清楚其负载的文化内涵,明确不同文化之间的差异,考虑语言背后的整个文化体系,查证并作出恰当的行文选择,避免从自身的语言及文化观点出发,曲解误译。

【例 14】

原文:Clearing house loan certificates pooled the resources of the member banks and provided emergency currency.

译文:交换所贷款证券将各成员银行的资源汇集起来,为非常时期提供通货。

【例 15】

原文:The Second Bank was chartered in 1816 to stabilize the country's finances, to unify the currency and to act as a lender of last resort.

译文:第二合众国银行于1816年获准成立,以稳定国家金融,统一货币,承担最后贷款方的职责。

【讲解提示】

金融文本中经常会出现一些单词,它们不再表达广为人知的意义,而是具有了其行业特殊意义,因此,译者应充分适应金融英语的翻译环境,克服先前认知带来的影响,重建新的译语环境。

【例 16】

原文:At the macro level, stable monetary policy and credible exchange rate commitments short-circuited twin crises.

译文:宏观层面上,稳健的货币政策和稳定的汇率保障可以避免双重危机的发生。

【讲解提示】

该句中使用"short-circuited"意为"使……短路",作为谓语动词,它使原文更加生动传神,在翻译过程中,应注重信息的传递,将其表示的"使……不能发生"的深意表达出来,故在翻译时使用"避免"一词。

【例 17】

原文：The Crisis of 1907 was "the straw that broke the camel's back" and led to a successful movement towards reform of the U.S. financial system.

译文：1907年危机是"压死骆驼的最后一根稻草"，也使美国得以成功开启金融体系改革。

【讲解提示】

本句中，"the straw that broke the camel's back"这一谚语按字面意思理解为"压坏骆驼背的稻草"，而事实上确切的表述是"压死骆驼的最后一根稻草"，这在汉语文化中同样存在，翻译时应积极寻找英汉语言中的共同点，实现语言转化的统一和谐。

(三) 词性活用

最后，由于英汉表达习惯的差异，在表达同一个概念时，英语倾向于使用名词词性，汉语则多用动词、动宾词组来表达，故翻译时要注意灵活转换词性、词义，作出适应性选择。

【例 18】

原文：Federal Reserve became the protector of the currency in 1914, successfully (with the Treasury) holding off a speculative attack in July 1914.

译文：美联储在1914年维持了货币稳定，(与财政部一起)成功地抵御了当年7月的投机冲击。

【讲解提示】

"protector"是名词，意为"保护者"，但翻译为"美联储成为货币的保护者"既不符合汉语的表达习惯，也会产生歧义，故翻译时将其转换成了动词。

【例 19】

原文：Even during commodity money regimes, governments often had a free hand and issued local currency denominated debt without gold clauses.

译文：即使在商品货币制度下，政府也随时进行干预，发行本币计价债务，不受黄金条款的控制。

【讲解提示】

名词短语"a free hand"，字面意思是"自由的手"，在这里是指政府对货币的自由调控，为符合目标语读者的阅读习惯，在译文中对词义和词性作了调整，变为动词"干预"。

【例 20】

原文：With this innovation, currency crises were by definition assigned to the dustbin of history.

译文：随着此项革新，货币危机这一概念也消失在历史的洪流中。

【讲解提示】

本句中"assigned to the dustbin of history"字面上是指"被扔进历史的垃圾桶"，但如此翻译，文字就十分平淡，也未能将原文使用暗喻的意图传递出来。汉语讲求意境的创造，使读者能置身其中，同时获得知识与享受。因此按汉语的习惯，翻译为"消失在历史的洪流中"，同样运用暗喻，保证了原文生态中信息和审美功能的实现。

五、金融文本的句式翻译

（一）拆解和重建

观察金融英语句式，不难发现，其突出特点之一便是大量长句的使用，一般多为现在时态。此外，被动语态使用广泛，用语偏向严谨和正式。故翻译长句时应该首先分析各成分之间的逻辑关系，厘清句子主次顺序，适当调整语序，做出合理翻译。拆解或改变语序的同时，要注意逻辑衔接，以及主动句与被动句之间的转化。

【例 21】

原文：A wave of sovereign defaults tied to international capital flows occurred in the 1820s in many Latin American Republics as over-optimistic investors from Europe lent these fledgling republics more than their weak public finances could handle.

译文：19 世纪 20 年代，由于国际资本流动，拉丁美洲许多共和国家发生了系列主权债务违约，加之投资者过于乐观，欧洲国家向这些刚刚起步的国家借出大量资金，远超其薄弱的公共财政所能承受的范围。

【讲解提示】

原文全句总共 36 个单词一气呵成，而汉语中多用短句散句，所以翻译时要进行结构拆解和转换重建。按照汉语习惯将时间状语前置，将原因状语拆解，构成汉语的短句散句结构。

【例 22】

原文：The flaws included the persistence of unit banking, the inverted pyramid of credit which linked the stock market to the banking system and created a source of systemic risk, and a strong seasonal in money market interest rates which made the system crisis prone.

译文：单一制银行持久性弱,信贷呈倒金字塔状态,股市与银行相互结合,也成为系统性风险的诱因,加上货币市场利率季节性强的缺陷,使系统性危机更易于发生。

【讲解提示】

本句共有 44 个单词,谓语"included"后接了三个名词性短语做宾语,而这些宾语又分别受到介词短语或定语从句的限制修饰,句子冗长难懂。翻译时,打破原句结构,进行完全重建,以符合目标语的语言环境,便于目标读者理解。

【例 23】

原文：Here a strong re-orientation of public finances as well as a plan to distribute domestic debt as widely as possible amongst ordinary citizens in order to align the incentives and ensure fiscal solvency of the nation seems to have worked.

译文：对公共财政进行强有力的重新定位,制定计划在普通民众中尽可能广泛地分配国内债务,以调整激励机制并确保国家的财政偿付能力,这两项措施似乎已经奏效。

【讲解提示】

厘清句子各成分之间的逻辑关系,以英语小句作为信息单元考虑重新进行组织和传递信息,对原句进行拆解。

(二) 被动句

英语区别于汉语的一个重要特点便是被动语态的广泛使用,因此被动句的翻译是很多翻译实践中讨论的重点。在翻译过程中,如果遇到被动句,顺其译成汉语的"被"字句,就会显得不够地道,这就与适应选择论的原则相背离了。在翻译英语被动句时,要考虑其所处的语言环境,选择保留被动结构或添加主语改为主动结构,从而做到意义上和形式上均能符合译语环境。

【例 24】

原文：If property rights can be protected, then the types of crises and instability nations face may also be altered and thus changes in the wake of such crises may be less problematic.

译文：产权受到保护的情况下，政府面临的各种危机和不稳定状态就能得到转变，因此危机造成的影响就会减轻很多。

【讲解提示】

该句是个典型的被动句，包含"can be protected""may also be altered"两个被动结构，若是都直接译为"被"字句，一是显得重复单调，二是不符合目标语的语言环境，所以用"受到保护"和"得到转变"来表达被动含义。

【例 25】

原文：In consequence, Australia was hit by a classic sudden stop of international capital and Australia suffered a serious depression for much of the 1890s. This was aggravated by a severe drought.

译文：因此，澳大利亚遭受了典型的国际资本骤停，导致其19世纪90年代长期处于经济低谷，这一切都由于严重的干旱而愈演愈烈。

【讲解提示】

本例中包含两个被动结构，"Australia was hit by a classic sudden stop…"与"This was aggravated by…"。第一句的翻译使用了主动结构，用动词"遭受"传递原句中的被动含义。第二句中则完全抛弃了原文的被动结构，使用完全主动句进行了意义重建。

【例 26】

原文：Relatively little attention has been paid however to the impact these institutions had on the ability to learn from financial meltdowns and hence on long run financial stability.

译文：制度会影响一个国家从金融崩溃中汲取经验的能力，长此以往国家的金融稳定会受到影响，但事实上很少有人关注到这一点。

【讲解提示】

该例句中出现的被动结构"little attention has been paid…"，若按原结构译为"少量的关注被给予……"会显得拗口，故将被动转化为主动，添加主语，变为"很少有人关注到……"更加通顺。因此，必要时应分析句子的逻辑意义，找出暗含的主语，在翻译时将其明化，一来符合译语环境，二来避免出现被动句的单调重复。

【例 27】

原文：Under the law, banks were required to buy National Gold Bonds directly from the Treasury as a requirement for note issue.

译文：法律规定银行直接从财政部购买国家黄金债券,作为允许其发行钞票的前提。

【讲解提示】

此例句的翻译中也将被动句译为主动句,添加了主语成分。不同于上句的是,本句添加的主语来自"under the law"。分析句子,发现"banks were required"这个被动结构中,真正作为"require"这个动作的发出者是"law",因此翻译时将内含的逻辑意义以主动句的形式明确地体现出来。

【例 28】

原文：After the gold embargo was removed in June 1919, continued inflation led to a growing balance of payments deficit and a significant decline in the Fed's gold reserve ratio towards the legal limit.

译文：1919 年 6 月,黄金交易限制令撤销,持续的通胀导致国际收支逆差扩大,美联储黄金储备率大幅下跌,直逼法律规定的底线。

【讲解提示】

在上面的例句中,"gold embargo"在原句中是"remove"这个动作的承受者,翻译时将被动含义以主动形式表现出来,使译文更加流畅。

六、金融文本的篇章翻译

金融文本属于金融英语论述文,行文规范,结构复杂,逻辑连贯,着手翻译前译者应熟悉文章整体布局,把握原文的思路和脉络,找准适合原文文体环境的风格,作出相应的适应性选择。在具体翻译中应注意发掘句子之间、段落之间的内在联系,充分认识原文暗含的逻辑关系,然后按照译语的习惯和风格,作出适当的结构调整,保证译文意义连贯顺畅,合乎逻辑。为此要注意到英汉两种语言在表达连贯性上的差别以帮助理解文章的逻辑。英语的连贯性往往借助于过渡性形式标记,如替代、省略、前后照应和词汇衔接。而汉语则主要表现为隐性连贯,句子之间、段落之间无明显标记,通常使用意合来达到连贯效果。

【例 29】

原文：The Second Bank was undermined and transformed into an emasculated state bank in the 1830s by Andrew Jackson, an ardent populist and opponent to centralized federal financial power.

译文：第二合众国银行在 19 世纪 30 年代受到安德鲁·杰克逊的抵制而地位削弱并转变成州立银行。安德鲁是一位狂热平民主义者,反对联邦财力集

第八章 金融文本翻译

中化。

【讲解提示】

该句虽简短，但结构并不简单，包含了被动语态"was undermined and transformed into…"和外位成分"an ardent populist and opponent…"，翻译时将原句中的外位成分处理成单独的分句，避免句子结构的冗赘。外位成分在论述文体中也十分常见，可以突出重点信息，使句子结构更加工整。

【例 30】

原文：Without such an institutional apparatus, governance by a minority elite largely provides private goods for its supporters while pouring the social costs of crises and instability off to other groups.

译文：如果缺乏民主政治体制，少数精英的管理很大程度上就为其支持者提供私人产品，将危机和不稳定产生的社会成本推到其他社会群体身上。

【讲解提示】

介词短语"without"译为条件状语句，"such an institutional apparatus"是原文为避免再次重复"democracies"又为了保持句子间的连贯和衔接而做的同义替换。翻译时首先应清楚"without"短语与句子主干成分之间的假设关系，添加"如果"，为了避免造成理解障碍，指出名词短语"an institutional apparatus"真正所指。

【例 31】

原文：The U.S. Constitution of 1787 gave the Congress the power "to coin money and regulate the value thereof" but it did not explicitly give the federal government the power to begin chartering commercial banks. That was left to the states.

译文：美国1787年宪法将"铸造货币，厘定本国货币和外国货币的价值"之职权授予国会，但并未明确规定联邦政府享有商业银行的注册权力，而是将这项权力下放至各州。

【讲解提示】

这个译例由两句话构成，第二句"That was left to the states"十分简短，而其主语"that"又是作为代词，指代上文中出现的商业银行的注册权力。两句在逻辑意义上衔接紧密，为便于译文读者理解，在翻译时调整原句结构，将两句合并为一句，使译文更加紧凑。

【例 32】

原文：If we pool all years we find the probabilities are 0.068, 0.061 and

0.118. We cannot reject that the means across the first two groups are different but we can reject that the mean of the non-learners is different from that of the leaders (p-value=0.07) and the learners (p-value=0.05).

译文：综合观察所有年份，可以发现三组国家的发生危机的概率分别是 0.068、0.061 和 0.118。我们不能否认前两组国家在整个过程中的平均值存在差异，但可以否定的是非学习型国家的平均值与引领型国家（概率值为 0.07）及学习型国家（概率值为 0.05）数值间的偏差。

【讲解提示】

在句子之间不存在因果关系、时间先后等逻辑关系，而只是简单地陈述事实时，在以信息为主要交流目的的文本中，要尽量保持语句语序，保证语义传递的一致性。

七、课后翻译练习

1. 将下列段落翻译成汉语

(1) Resumption to the specie standard (de facto gold) at the pre-war parity occurred on January 1st, 1879 following a vociferous political debate between the advocates of hard money (a return to specie at the original parity) and the advocates of soft money (either staying on the fiat money regime, resumption at a devalued parity, or bimetallism at a mint ratio below the rapidly rising world silver price of gold).

(2) In the 19th century, playing by the rules of the game meant raising interest rates, cutting the growth of credit, and hoping that capital flows would be stabilizing in the sense that an anticipated appreciation would incentivize them to return to the country.

(3) In many instances, minimal efforts at reform were undertaken and quite often policy change was superficial such that subsequent crises unfolded in dramatically similar ways. Outcomes such as high or hyper-inflation, debt default, and financial system collapse were common and remain so up to today.

(4) The United Kingdom shows a number of banking crises prior to 1866 but a long-quiet period associated with substantial learning that took place in during the Overend-Gurney in 1866.

(5) Too big to fail, further de-regulation, a number of new financial inno-

vations, and a rogue shadow banking sector led to the crisis of 2007-2008.

(6) The top five banks recorded total assets and liabilities of RMB 74.49 trillion and RMB 69.38 trillion, up 9.98% and 9.64%, 0.11 percentage points and 0.03 percentage point higher than the growth in the same period of last year.

(7) NPL balance and ratio continue increasing, with an NPL ratio of nearly 1.1%; as for the two allowance indicators, one increased while another decreased, and risks were basically controllable.

2. 将下列段落译成英语

(1) 盈利能力保持稳定,净利润率处于 9.6% 左右的水平,息差改善和成本控制贡献较大。

(2) 在 2015 年,美国的金融监管者不断发布和《多德-弗兰克法案》实施相关的条例,主要有《沃尔克规则》、流动性覆盖率监管指标的实施、美联储提高审慎监管标准和货币监管署提出的"强化监管预期"要求。

(3) 另一方面,受日元贬值影响,大企业业绩回升、股价上行,有利于提高个人实际收入、拉动需求。

(4) 东道国政府不应施加任何限制于贷款利息、赎回支付、服务和咨询费用、许可费用、特许使用权费以及类似支付的汇付。

(5)《多德-弗兰克法案》要求任何组织或提议资产抵押债券交易的个人保留转移给第三方的任何信用风险的一部分(通常来说,至少是 5%),联邦机构将采用这一规则,而公司也将会受到这些规则的影响。

(6) 公司按照美国通用会计准则的要求制定了合并财务状况报表,与此同时,公司还会准备一份按业务分配资产的资产负债表。上述资产负债表并非根据美国通用会计准则制定,与其他公司采用的类似做法可能不具备可比性。

(7) 有一定经验和能力的、当地四大银行的绝对不来。信用社现在的工资很高,我行目前满足不了,如果一味用提高工资来满足他们,将对我行现在的中层干部造成损害。所以我认为总部应就地提拔或派人为宜。

【参考译文】

1. 将下列段落翻译成汉语

(1) 在硬货币的支持者(回到平价初期硬货币)与软货币拥护者(回到不兑现货币制度,恢复贬值等价,或者在快速上涨的世界黄金白银价格下,实行双本位制金银的比例的复本位制)经历了一场声势浩大的政治论战后,1879 年 1 月战前平价推行,贵金属本位制(事实上指黄金本位)得以回归。

(2) 19 世纪时,流行的游戏规则是通过提高利率,减少信贷增长以期稳定资本流动,在这个意义上预期的增值会刺激资本流动的回归。

(3) 许多时候,这些国家在改革方面并未有大的作为,政策调整也常常流于表面,因此继发危机的形式与上次危机会极其相似。这也使高通胀或超级通胀、债务危机、金融体系崩溃的情况常有发生并持续到现今。

(4) 英国在 1866 年之前发生了多次银行危机,而 1866 年欧沃伦格尼银行破产后的充分探索为其带来了较长平稳的时期。

(5) (金融机构)由于太大而不能轻易宣布倒闭,加上监管进一步解除,多项金融革新和游移的影子银行的共同发挥作用,2007—2008 年危机终于爆发。

(6) 五大行(中国银行、中国建设银行、中国工商银行、中国农业银行和交通银行)资产、负债规模分别为 74.49 万亿元和 69.38 万亿元,同比增长 9.98% 和 9.64%,增速较去年同期提高 0.11 和 0.03 个百分点。

(7) 不良贷款指标持续"双升",不良贷款率接近 1.1%,拨备指标"一升一降",风险基本可控。

2. 将下列段落翻译成英语

(1) Profitability remained stable, net profit margin was about 9.6% and interest margin improvement and cost control contributed greatly to profits.

(2) In 2015, the financial regulator of the US continuously released the implementation rules in relation to the Dodd-Frank Wall Street Reform and Consumer Protection Act, mainly including the Volcker Rule, implementation of the regulatory indicator of liquidity coverage rate, raising of the prudential supervision criteria by the US Fed and the requirements of "strengthening regulatory expectation" raised by the Office of the Comptroller of the Currency.

(3) Furthermore, due to yen depreciation, large enterprises' operating results improved and stock prices went up, which will increase individual income and drive demand.

(4) The government of the host country should place no restrictions on the remittance of loan interest, redemption payments, service and advisory fees, license fees, royalties, and similar payments.

(5) We will also be affected by rules to be adopted by federal agencies pursuant to the Dodd-Frank Act that require any person who organizes or initiates an asset-backed security transaction to retain a portion (generally, at least five

percent) of any credit risk that the person conveys to a third party.

(6) In addition to preparing our consolidated statements of financial condition in accordance with U. S. GAAP, we prepare a balance sheet that generally allocates assets to our businesses, which is a non-GAAP presentation and may not be comparable to similar non-GAAP presentations used by other companies.

(7) For those who have both experience and ability, working in the four largest banks, they definitely won't come. And the credit cooperatives offer very high salary, which we could not complete. If we do raise the salary for president, our bank's middle-level cadres will be irritated. Therefore I think it is better for HQ to promote someone in our bank or send someone.

第九章　会计文本翻译

一、会计文本翻译概述

近几年来,区域化成为全球经济的一个发展趋势,我国企业也不甘落后,积极拓展海外市场,增加海外投资,寻求海外合作。在选择投资伙伴和合作伙伴时,财务状况是一个重要的衡量指标,正确解读财务报表是非常关键的一步。而解读英文版的财务报表是一个技术性问题,财务报表涉及的英文词汇往往表达的不是通用意思,词汇的连接和组合又打乱了词汇本身的意思,这给我国的报表使用人带来了很大障碍。本章以会计英语语言特色为切入点,从词汇、句法、语篇三个主要方面分析会计英语的语言特色,在研究这些特点的基础上提出了翻译对策,旨在帮助会计人员提高其在会计专业方面的英语语言能力,加快会计专业人才的成长,从而提高我国企业和公司参与国际经济的竞争力。

二、会计文本的语言特点

(一) 词汇特点

大量会计术语的存在是会计英语词汇的第一大特征。术语是指那些在某一学科或某一领域或某一行业中专门使用的词汇。这些词汇有其特定的含义,并在各自专业领域中被广泛应用。而会计术语又具有单一性、对义性与时代性的特点。其中单一性是指在会计学科领域内,一个术语只表达一个特定的意思,即词义的单一特性。例如,"tangible assets""customer cost hierarchy""discount rate"等,分别指"有形资产""顾客成本层级"和"贴现率",不会产生其他的理解。所谓术语的对义性,是指词语所表示的概念在逻辑上是一种矛盾或关联。在会计领域,这种对义性的词语很多。例如,in-sourcing/out-sourcing(自制/外购)、trade deficit/trade surplus(贸易逆差/贸易顺差)、net weight/gross weight(净重/毛重)、premium/discount(升水/贴水)、assets/liabilities(资产/负债)、inflation/deflation(通货膨胀/通货紧缩)、appreciation/depreciation(升值/贬值)。同时,随着科学技术的不断发展,一些新思想、新观念、新产品不断涌现,于是会计英语里便出现了大量新术语,如 dumping(倾销)、E-commerce(电子商务)、future transaction(期货交易)、cyber-trade(网上交易)等。这反映了会计术语的时代性特点。

大量使用缩略词是会计英语词汇的第二大特点。在我们阅读会计英语资料时,会发现大量使用缩略词的现象。这主要是因为缩略词简洁、意义准确、使用便利。缩略词的表现形式很多,但主要有两种:一是首字母缩写词,二是截短词。所谓首字母缩写词,顾名思义,就是将几个英文单词的首字母连在一起,但按照英语的习惯,应该是大写字母。例如 GAAP—Generally Accepted Accounting Principles(通用会计准则)、CFO—Chief Financial Officer(首席财务官)、FIFO—fist in, first out(先进先出分步成本法)、FASB—Financial Accounting Standards Board(财务会计准则委员会)、GAAS—General Accepted Auditing Standards(公认审计准则)。此外,为了提高阅读和书写效率,在会计英语里,经常出现很多将一个单词截短的现象,例如 Acct. 指 Account(账户)、Allow. 指 Allowance(备抵)、Bal. 指 Balance(余额)。

会计英语词汇的第三大特点是,在会计英语中,有许多普通英语词汇用作专业术语使用,被赋予了特定的意义。例如,"Please send us the documents for negotiation as stipulated in the contract"(请按照合同规定寄给我方有关单据,以便议付),句中的"negotiation"不是普通英语中的"谈判"之意,而是指"议付";"Under the time draft, the bearer shall present it to the payer for acceptance before the date of maturity"(如果为远期汇票,持票人应在汇票到期日前向付款人承兑),句中的"acceptance"不是普通英语中"接受"的意思,而是指"承兑"。

(二) 句法特点

句法方面,被动句和复合句在会计文献里占据主导地位。被动语态的使用往往是科技文体追求叙述客观性和规范性的一个重要手段。被动语态是英语中动词的一种变化形式,表示句子的谓语动词和其主语之间存在逻辑上的动宾关系。被动句的主语实际上是谓语动词动作的承受者。英语被动句把所要说明的人或事物放在主语的位置上,突出了行为的对象,因此主观色彩大大减少。这与会计英语客观性的实现很好地吻合。

【例1】

原文：Bonds can be sold or transferred before maturity. When the bonds are sold, the book value should be firstly confirmed at that very day, especially for those purchased at a premium or a discount and the actual purchase cost must be exactly determined with the premium or discount being amortized till the transferring date and the difference between investment revenue from sales of the bonds and their actual cost.

译文：长期债券可以在未到期之前（被）出售或转让。企业将长期债券（被）出售时，应事先明确转让日债券的账面价值，尤其是溢价或折价。购入的债券要把溢价或折价（被）摊销到转让日为止，从而正确地确定各种债券的实际成本。然后按出售或转让的收入与出售债券实际成本的差额来确认价差损益。

英语句子按用意来分，有陈述句、疑问句、祈使句和感叹句四种。句子按结构划分有简单句、并列句和复合句。复合句由于可以容纳多种修饰语，因此能清楚而准确地表达复杂的意思。会计英语文本大量采用陈述句与复合句。在会计英语中，为了表达某些复杂概念，往往会较多地使用复合句。这些复合句的特点是从句和短语多，同时兼有并列结构、省略与非谓语动词的使用，因此整个句子结构就显得较为复杂。而汉语则不同，其句子结构比较简明。

【例2】

原文：At the second stage, if there are ending work in process and finished products, the business should accumulate and allocate production expenses of beginning work in process and those of the current period between ending work in process and finished products according to cost items, and calculate total costs and unit cost of finished products and costs of ending work in process.

译文：第二阶段如果既有期末在产品，又有完工产品，企业应按照成本项目对期初在产品生产费用和期末在产品与完工产品之间的本期生产费用进行归集和分配，计算出完工产品的总成本和单位成本以及期末在产品成本。

（三）语篇特点

会计英语的时态较为单调，多以一般现在时为基调。会计英语文本常常以介绍会计原则、会计方法以及会计理论为任务，现在时的选择可以用来表示现实存在的客观事实和真理，因而成为会计英语文本的一大特点。

【例3】

原文：The rate of return on assets has particular relevance to lenders, or creditors, of a firm. These creditors have a senior claim on earnings and assets relative to common shareholders. Creditors receive their return via contractual interest payments. The firm typically pays these amounts before it makes payments, often as dividends, to any other suppliers of capital. When extending credit or providing debt capital to a firm, creditors want to be sure that the firm can generate a rate of return on that capital (assets) exceeding its cost.

会计是基于数据、公式、图表等媒介，集严肃性与科学性于一体的学科。会计英语语言正式、客观、可信，为了体现出其严肃性的一面，较少使用文学英语里惯用的各种修辞手法，如夸张、明喻、暗喻、拟人等。因为一般修辞手段的使用会破坏会计学科的严肃性。会计语言具有直白、客观、科学的特点。其主要的修辞方式有三种：定义、分类和描写。通过定义，显示概念的本质；根据概念的本质分类，以表明彼此的联系和区别；从不同的角度对概念进行如实描写，以反映其静态或动态特征。

除此之外，为体现其逻辑严密性，会计英语广泛使用逻辑连接词构建语篇。最常见的有表示因果关系的 as、as a result、because、because of、caused by、due to、for、owing to、since；有表示让步、转折的 although、but、however、nevertheless、otherwise、while；有表示逻辑次序的 furthermore、in addition to、moreover、therefore、thus、so；有表示限制的 besides、except、if only、only、unless；还有表示假设的 assuming、if、provided、providing、suppose、supposing。

【例4】

原文：Although it may have been appropriate to make a debit entry, the accountant may select the wrong account when recording the debit. As a result, the debits and credits will be equal, but the records will be inaccurate. Assume that Beatty Company purchased a building and plot of land for $240000 cash…

三、会计文本翻译的基本原则

(一) 目的性原则

目的论认为,"目的原则"是所有翻译活动遵循的首要原则,翻译的过程应以译文在译语文化中实现它的交际功能为标准。会计英语属于一门专门用途英语,其特殊的专业性经常会使非专业人员出现翻译上的错误,而会计往往与经济密切相关,会计英语翻译上的错误则更加不可忽视。根据目的性原则,翻译词语的目的就是更准确地向目标读者传达原文信息,不容出现翻译错误、词语指示含义不明的现象。另外,会计英语的特点就是经常使用复杂复合长句,其中包括定语从句、状语从句以及多重多项式复合长句,而复合长句的翻译又是一大难点,译者在翻译该类文本时的交际目的就是确切地传达原文信息,保证译文的准确严谨和清晰简洁。

【例5】

原文:Financial Assets at Fair Value through Profit or Loss.

译文:以公允价值计量且将其变动计入当期损益的金融资产。

【讲解提示】

画线部分短语中含有两个专业术语,其中一个是"fair value",通过查询可知其含义是"公允价值";另一个是"through profit or loss",通过查询也可知,其含义是"变动计入损益表之"。即使在查询过后,译者有时仍不能对这个短语作出精准的翻译,这可能是由于译者专业知识的缺乏,所以为了保证该短语翻译的准确性,译者可查询有关"公允价值"的专业知识,并咨询相关的专业人士,最后可确定其准确译文为"以公允价值计量且其变动计入当期损益",达到专业术语准确翻译的目的。

【例6】

原文:Bank lending activity decreased as banks are reassessing the business models of their borrowers and their ability to withstand the increased lending and exchange rates.

译文:银行贷款活动减少,因为银行正在重新评估其借款人的业务模式及其承受贷款利率上涨和汇率上涨的能力。

【讲解提示】

通过分析整个句子的语境可知,该句中"exchange rate"应该是属于财经类的专业术语。为了达到使该词汇的翻译更加准确的目的,通过查询网络和相关专业书籍可知,应将该词译为"汇率"。如果按照该词的表面含义翻译,则会误译为"交换率",所以译者结合该词汇的特点和所处语境且在目的论原则的指导下使其达到翻译精准的目的,选择了查询检索专业术语的方法将其翻译出来。

【例 7】

原文:An investment entity will be required to account for its subsidiaries at fair value through profit or loss, and to consolidate only those subsidiaries that provide services that are related to the entity's investment activities.

译文:投资性主体对子公司的投资应当按照公允价值计量且其变动计入当期损益,仅合并那些为投资性主体的投资活动提供相关服务的子公司。

【讲解提示】

从本句可以看出,"subsidiaries"是先行词,关系代词"that"做主语,定语从句中又套有一个定语从句,"services"做先行词,第二个关系代词"that"在定语从句中做主语。由此可知,两个嵌套式的定语从句所修饰的最主要的中心词就是子公司"subsidiaries",且修饰成分不算很长,所以采用了前置法,将两个定语从句直接放在先行词"subsidiaries"的前面做修饰成分,使译文达到了简洁的目的。

【例 8】

原文:While management believes it is taking appropriate measures to support the sustainability of the Group's business in the current circumstances, unexpected further deterioration in the areas described above could negatively affect the Group's results and financial position in a manner not currently determinable.

译文:尽管管理层相信公司正在采取适当措施增强当前集团业务的可持续性,然而令人意想不到的是,该地区的业务每况愈下,这可能会对集团业绩和财务状况产生不确定的负面影响。

【讲解提示】

乍一看本句是个很长的句子,可仔细分析句子结构之后便会发现这个句子是由"while"引导的让步状语从句,所以翻译起来并不难,难点在于捋清句子的基本结构,选择直译法翻译就可以达到译文准确严谨的目的。

(二) 连贯性原则

连贯性原则要求译文必须符合语内连贯、流畅可读的标准,让目的语读者完全理解原文的内容。所谓语内连贯,是指译文必须能让接受者理解,并在目的语文化以及译文的交际环境中有意义。会计类英语文本中存在很多的连词、介词用以连接上下文内容，而这些词的翻译程度直接决定了译文是否流畅连贯，根据连贯性原则的指导，我们可以对这些词汇选取适当的翻译策略进行翻译，以使其在目的语即汉语的交际环境中有意义，达到汉语的连贯流畅、通顺可读。此外，会计英语文本的意图在于客观地陈述会计方面的相关事务，其目的在于精准地表达会计相关的信息，因此文本中常用非人称的语气来作比较客观的阐述，较多地使用被动句。根据连贯性原则的指导，为了使译文的内容连贯流畅，方便目标语读者的理解，并在目的语文化以及使用译文的交际环境中有意义，我们通常可以通过保持原文语序和调整原文语序来实现译文的连贯。

【例9】

原文：Structured entities are designed so that voting or similar rights are not the dominant factor in deciding who controls the entity.

译文：结构化实体的设计使投票权或类似权利不是决定谁控制实体的主要因素。

【讲解提示】

分析该句的结构可以看出本句是由连词短语"so that"引导的目的状语从句，而在该目的状语从句中还存在一个由介词"in"所引导的介宾短语做后置定语来修饰前面的"dominant factor"，所以在翻译时要尤其注意连词短语"so that"和介词"in"的翻译，这两个词的翻译决定了译文是否连贯流畅、表达清晰。根据汉语的表达习惯，将"so that"进行省译，言简意赅地表达原文意思；同时，介词"in"作为明显的连接修饰与被修饰成分的符号，也可省略不译，将修饰成分前置翻译，使译文表意清晰、连贯流畅，实现了在汉语交际环境中的意义。

【例10】

原文：The Group's operations are conducted in both Russian and international markets.

译文：该集团在俄罗斯和国际市场均开展业务。

【讲解提示】

因为本句的主语是无生命的名词，而且译成主动语态更符合汉语的表达习惯，这样也就实现了在译文的交际环境中有意义的目的。

【例11】

原文：VTB and other Russian Group banks are regulated and supervised by the CBR and the Federal Financial Markets Service.

译文：俄罗斯外贸银行与其他俄罗斯集团银行受俄罗斯联邦中央银行和联

邦金融市场服务局规范和监督。

【讲解提示】

该句尤其强调受"规范和监督"的主体是该句的主语,所以还是沿用了原文的被动语态,使用了"受"字结构来表示该被动语态,这样表达不仅强调本句的主语,也更符合目的语的表达习惯,实现了译文内的连贯流畅。

(三)忠实性原则

忠实性原则指原文与译文之间应该实现语际连贯一致。顾名思义,也就是译文必须忠实于原文,但通常译文的目的以及译者对原文的理解决定了对原文忠实的程度和形式。所以说,在最大限度地忠实于源语文本的同时,还有一个必要的前提就是译文要符合目标语使用者的习惯,便于目标语读者理解。前提和目的缺一不可,否则,如果仅仅忠实于原文而不顾目标语读者的阅读习惯,则容易造成译文在译语语境中表意不清、逻辑混乱等问题。会计英语文本涉及很多专业方面的信息,有时会因为没有了解专业知识而造成译文的内容与原文有很大出入,所以我们在翻译文章时,要根据专业知识和具体语境,选择恰当的含义,忠实于原文信息的传达。同时,还应该使译文符合目标语读者的阅读习惯,方便他们理解。

【例 12】

原文:The amendments will allow hedge accounting to continue in a situation where a derivative, which has been designated as a hedging instrument, is innovated (i. e. parties have agreed to replace their original counterparty with a new one) to effect clearing with a central counterparty as a result of laws or regulation, if specific conditions are met.

译文:如果特定条件得以满足,修正案将允许对冲会计法在一种环境下继续实行,即已被指定为套期工具的金融衍生工具,因为法律法规用中央交易对手更替(即双方已同意用一个新的交易对手来取代原来的对手)进而影响清理。

改译:在符合特定条件的情况下,如果已被指定为套期保值工具的衍生工具进行了创新(即各方同意用新的对手方取代原来的对手方),以便与中央对手方进行清算,则修正案将允许套期保值会计核算继续进行。

【讲解提示】

一般而言,"clear"有"清理,澄清"的意思,但是分析该语境可知,该文本属于会计英语文本。通过查找专业词典与平行文本可以发现,该词意为"结算",这样翻译更忠实于原文。

【例 13】

原文：Non-controlling interest is presented as a separate component within the Group's equity except for the non-controlling interests in mutual funds under the Group's control, which are accounted for within Group's liabilities.

译文：非控制权益是以集团股权中的一个单独部分的形式展现出来的，该权益不包含于集团控制下共有基金的非控制权益，该股权归集团债务所解释。

改译：非控制权益是以集团股权中的一个单独部分的形式展现出来的，该权益不包含于集团控制下共有基金的非控制权益，后者被计入集团债务里。

【讲解提示】

该句是一个非限制性定语从句，主句是由被动语态构成的，而翻译的关键部分恰恰在于定语从句，而非限制性定语从句的作用通常是对主句进行解释说明的，所以该定语从句翻译得准确与否关系着整句信息的传达是否忠实于原文。因为"account for"既有"解释"的意思，也有"占……，计入……"的意思，所以我们为了翻译忠实于原文，就要根据本句的语境和专业知识对此选择正确的含义。查阅资料可知，"权益"一词在会计学上指资产。那么"非控制权益"也属于一种资产，所以应该译为"被计入……"而不是"归……解释"，改译后的句子更忠实于原文。

【例 14】

原文：The acquisition method of accounting is used to account for the acquisition of subsidiaries by the Group.

译文：会计的获取方法用于计算本集团子公司的获取。

改译：会计收购方法用于解释本集团子公司的收购。

【讲解提示】

通过对比两个译文，我们知道两者的不同之处就在于"acquisition"这个词的翻译。本句中的"acquisition"词性为名词，而且它的本意为"获得物，获得"，是根据动词"acquire"的本意而来。通过查询字典可知"acquisition"有如下意思：(1)(有价值的)获得物；获得(或增添)的人(或物)；(2)(公司等的)收购；(3)取得，获得。我们可以根据本句的"subsidiaries"(子公司)和"the Group"(集团)判断，选择该词的第二个意思，"收购"。选择正确的含义才能准确地传达原文的信息，从而达到忠实的目的。

四、会计文本的词汇翻译

(一) 直译

所谓直译,就是在译文语言条件许可时,在译文中既保持原文的内容,又保持原文的形式。如"gross profit"可以直接翻译成"毛利","distribution cost"可以直接翻译成"分销成本","development expense"可以直接翻译成"发展开支"。当然,在翻译时要注意翻译技巧。如,对缩略词的翻译首先应该根据报表的分类通过专业词典了解其全称,然后根据意思翻译,切不可乱猜。譬如,D/A 有两个意思,一个是 Deposit Account(存款账户),一个是 Documents against Acceptance(承兑交单),如果不根据上下文而乱翻,就可能令人不知所云。

【例 15】

原文:The amendment to IAS 19 clarifies that for post-employment benefit obligations, the decisions regarding discount rate, existence of deep market in high-quality corporate bonds, or which government bonds to use as a basis, should be based on the currency that the liabilities are denominated in, and not the country where they arise.

译文:《国际会计准则第 19 号》修正案明确指出,对于离职后福利债务,在决定贴现率、是否存在优质公司债券的深度市场或使用哪种政府债券作为基础时,应以债务的计价货币而不是债务产生的国家为依据。

【讲解提示】

根据语境,本句所陈述的内容属于国际会计准则的修正案声明,所以在翻译时确定"discount rate"属于会计领域里的专业词汇。通过查找平行文本可知,该词应翻译为"贴现率",且该词在会计英语中有且只有这一个含义,不可错译为"折现率",这样翻译实现了将词汇翻译准确的目的。

【例 16】

原文:For investments carried at amortized cost, gains and losses are recognized in the income statement when the investments are disposed or impaired, as well as through the amortization process.

译文:当投资通过摊销被处置或削减时,以摊余成本、收益和损失计量的投资在损益表中得以确认。

【讲解提示】

"amortization"是典型的一词一义的会计词汇,也就是会计词汇中的单义词,所以在翻译的时候要结合目的原则,一定要将其翻译得精准,要通过查找相关的平行文本,才能准确地翻译。通过查询可知,其专业含义有且仅有一个,为"摊销"。

【例 17】

原文:Currently, a loan programme extension, which may necessitate certain austerity measures, is being negotiated by Ukraine with the International Monetary Fund.

译文:目前,乌克兰正在与国际货币基金组织谈判延长贷款计划,这可能需要采取某些货币紧缩措施。

【讲解提示】

本句的主语为"a loan programme extension",直译即可。

(二) 意译

意译主要是指翻译时抓住内容和喻义这一重要方面,牺牲形象,结合上下文比较灵活地传达原意。如"tomb stone",如果直译为"墓碑",就会令人一头雾水,其实它的本意是"上市公告"。又如"baby bond",如果直译为"婴儿债券",就会被误认为是"某个婴儿机构专门发行的债券",而它的本意则是"面额小于100美元的债券",因此应该意译成"小额债券"。当然,意译时也应该注意翻译技巧。译者应熟悉专业知识,不要把普通词和专业词弄混。例如,"fallen angel"应该翻译成"投资评级降低的公司债券",而不是"堕落天使"。

【例 18】

原文:These consolidated financial statements ("financial statements") have been prepared in accordance with International Financial Reporting Standards ("IFRS").

译文:这些合并财务报表("财务报表"),已按照国际财务报告准则("IFRS")编制。

【讲解提示】

本句的主语"合并财务报表"属于无生命名词,而且"be prepared in accordance with"属于固定搭配,所以我们在翻译的时候直接译为"按照……编制"即可,实现在译文中连贯流畅的目的,且符合目标语的表达习惯。

【例 19】

原文：The basis for conclusions on IFRS 13 was amended to clarify that deletion of certain paragraphs in IAS 39 upon publishing of IFRS 13 was not made with an intention to remove the ability to measure short-term receivables and payables at invoice amount where the impact of discounting is immaterial.

译文：对《国际财务报告准则第 13 号》的结论基础进行了修订，以澄清在《国际财务报告准则第 13 号》发布时删除《国际会计准则第 39 号》中的某些段落，并不是为了移除在贴现影响不大的情况下按发票金额计量短期应收账款和应付账款的能力。

（三）一词多义

英文财务报表的词汇一词多义现象非常普遍，而人们一般只了解某词的普通意义，对专业意义知之甚少，所以在这个领域非常容易犯错。例如"information disclose"，有很多人将其翻译为"泄露信息"，甚至引申翻译为"泄密"，因为"disclose"这个词的普通意义是"揭露，泄露"。但是，在会计英语里，却习惯性地称之为"信息披露"。如，"Listed companies usually use four kinds of information disclose：prospectus，tomb-stone，annual report and temporary report"（上市公司一般是通过招股说明书、上市公告、年度报告和临时公告等四种形式披露信息）。又如"operating expenses"，很多人将其翻译为"操作费用"，因为"operating"在普通英语里是"操作"的意思。但在会计领域，operating expenses＝cost of sales＋distribution costs＋administrative expenses（经营费用＝销售成本＋分销成本＋管理成本），因此正确的翻译是"经营费用"。

【例 20】

原文：Restrictions have also been introduced for certain cross-border settlements，including payments of dividends.

译文：这些限制也被引入了特定的跨境结算，包括股利分派。

【讲解提示】

"dividend"在会计英语中的意思为"股利，股息"，因此在翻译时需要充分考虑词汇的专业含义，不可以盲目选择该词的其他含义，而应该在确定其属于会计英语的范畴的情况下，分析出会计英语词汇一词多义的特点，然后对症下药，准确地将这个词语翻译过来。

【例 21】

原文：If revenues exceed expenses, the result is called net income; if expenses exceed revenues, the difference is called net loss.

译文：如果收入超过支出，其差额被称为净收入；如果支出超过收入，其差额被称为净亏损。

【讲解提示】

"difference"有"差别，差异"之意，但在会计英语中，其意思为"差额"。

【例 22】

原文：To make the balance sheet more useful, we usually prepare a classified balance sheet, which means that assets and liabilities are further divided into current and non-current categories.

译文：为了使资产负债表更实用，我们通常编制分类资产负债表，就是说资产和负债被进一步分为流动和非流动两种。

【讲解提示】

"prepare"会被误译为"准备"，但在该会计专业句子中，其意义应为"编制"，特指报表的制作。而"liability"的日常意义为"责任"，在此处则为"负债"，如"short-term liability"。

【例 23】

原文：An acquirer should recognize at the acquisition date a liability for any contingent purchase consideration.

译文：收购方应在收购日期承认任何或有收购代价的负债。

【讲解提示】

本句陈述的内容为收购事宜，所以应当从会计专业的角度进行翻译。针对该句中的"purchase consideration"，我们知道"purchase"的含义就是"购买"，而"consideration"却万万不能译为"考虑"。"consideration"是个一词多义的单词，所以我们要通过网络检索该词的专业含义。该词的专业含义是"对价，报酬"，我们可知"consideration"是一种量化的价格，根据该词的本义将其译为"收购代价"，这样翻译更符合准确的目的。

五、会计文本的句式翻译

(一) 长句

所谓的英文长句,通常指包含各种语法关系和特殊句型的复杂句。英文长句结构复杂、逻辑层次多,含有环环相扣的修饰成分。翻译会计类英语文本,可发现其句式多为长句;而在汉语的表达习惯中,基本上不采用结构复杂的长句,多采取简单句表达。如果非要把冗长的英文句子汉译成含有一长串定语修饰成分的句子,肯定会造成拗口难懂的效果。经了解,在正式的法律文书或者政府报告中,之所以经常采用容量大、结构复杂的长句,是为了表达深刻的思想、庄重的风格和连贯的气势。那么,英文的会计文本中采用长句足以表现其严肃性和法律性。结构复杂、冗长的句子在财经类文本中比比皆是,稍有不慎,可能就会曲解原文的意思,带来不必要的误解和麻烦。

【例 24】

原文:No contract of significance in relation to the company's business to which the Company, any of its holding companies or subsidiaries, was a party and in which a director of the Company had a material interest, subsisted at the end of the year or at any time during the year。

译文:于年终或本年度任何时间概不存在本公司、其任何附属公司或其母公司订立涉及本集团之业务,且本公司董事直接或间接拥有的重大权益之重大合约。

【讲解提示】

这个句子最容易混淆的部分就是"was a party",其实,这里面涉及一个短语"be a party to …"(与……存在关系),"party"之前环环相扣,"to which"是修饰"business"的限制性定语从句,同时"in relation to"修饰"contract"。该句核心主干则是"no contract subsisted","and"之后引导的"in which"修饰的是"contract"这个先行词。句子结构梳理清楚后,语义也变得清晰明了,下一步则是合理地运用汉语进行地道的表达。

【例 25】

原文:The Group manages its capital to ensure that entities in the Group will be able to continue as a going concern while maximizing the return to stockholders through the optimization of the debt and equity balance.

译文：本集团管理其资本，以确保集团实体可按持续基准继续营运，并通过优化债务及股本结余，为股东带来最大回报。

【讲解提示】

这个句子是一个典型的由不定式引导的目的状语从句及由"ensure"引导的宾语从句。其中的"while"将"going"和"maximizing"并列起来，介词"through"引导一种方式，当然其中牵扯到名词动词化，即"optimization"。经过结构的剖析，理解和表达其含义便简单很多。

【例 26】

原文：The amendments have clarified that the use of revenue-based methods to calculate the depreciation of an asset is not appropriate because revenue generated by an activity that includes the use of an asset generally reflects factors other than the consumption of the economic benefits embodied in the asset.

译文：修正案明确指出，使用基于收入的方法计算资产折旧并不合适，因为包括使用资产在内的活动所产生的收入通常反映的是资产所体现的经济利益的消耗以外的因素。

【讲解提示】

因为本句较长，翻译起来具有一定的难度，所以我们首先需要分析该句的结构。很明显，首先该句是一个由"clarified"引导的宾语从句，而在该宾语从句中又含有一个由"because"引导的原因状语从句，在翻译时，要充分考虑从句与从句之间的逻辑关系，使译文既符合汉语的表达习惯，又明晰表达原文的内在逻辑。

（二）被动句

对比英汉财务报表文本，英文财务报表中的被动语态明显多于汉语的，明确表示了一种"被动关系"。但在汉语表达中，虽然也有"被"字表达，但基本上全采用主动式思维。

【例 27】

原文：The Group continues to monitor the situation in Ukraine and take appropriate actions in order to minimize the effects of these risks. The risk assessment is reviewed constantly to reflect the current situation.

译文：集团继续监测乌克兰局势，并采取适当行动，以尽量减少这些风险的影响。同时，不断审查风险评估，以反映当前形势。

【讲解提示】

由于该句的施动者是上文中提到过的"集团",所以在翻译的时候就可以省略本句的施动者,将此句翻译为无主句(无人称句),这样可使信息的传递简洁明了,实现了译文中上下文内容的连贯,逻辑清晰,表达简洁。

【例 28】

原文:On disposal of a cash generating unit during the year, any attributable amount of purchased goodwill is included in the calculation of the profit or loss on disposal.

译文:当年内处置的现金产出单元的任何应占购入商誉均包括在处置项目的损益内。

【讲解提示】

不难发现,在英文的财务报表中,被动语态的使用很频繁,所以"is included in"汉译为主动语态,会更贴近汉语的语用习惯。

【例 29】

原文:Non-current assets and disposal groups held for sale are stated at the lower of carrying amount and fair value less costs to sell.

译文:对于持有待售类别的非流动资产或处置组,企业应当比较账面金额和公允价值减去出售费用后的净额,以二者孰低计量。

【讲解提示】

关于"disposal"和"groups held for sale"的关系很容易混乱,"fair value less costs"也会理解为"低于成本的公允价值"。通过参考平行文本,将该句的结构划分为主谓宾三大块,即"are stated at"之前是主语,之后则为介词短语引导的宾语成分,按照汉语的表达习惯进行翻译,效果就自然了许多。

(三) 定语从句

会计英语文本中通常包含大量的长句,而长句中包含部分定语从句。之所以大量使用定语从句,是为了达到严谨的表达效果,避免任何理解上的偏差,确保会计英语文本的规范性和法律效力。

【例 30】

原文:Revalutions are performed with sufficient regularity to ensure that the carrying amount of these assets does not differ materially from that which would be determined using fair values at the end of reporting period.

译文:重估应及时定期,以确保这类资产的维护费用与报告期止的公允价值不会出入过大。

改译：定期对这些资产的账面价值进行评估，以确保其账面价值与使用期末公允价值确定的账面价值之间不存在重大差异。

【讲解提示】

句中"that"指代的是与"the carrying amount"相对应的"账面价值"，之后的"which"则引导定语从句，修饰第二个"that"。

【例 31】

原文：Cash and cash equivalent comprise cash at bank and on hand, demand deposits with banks and other financial institutions, and short-term, highly liquid investments that are readily convertible into known amount of cash and which are subject to an insignificant risk of changes in value, having been within three months of maturity acquisition.

译文：现金及现金等价物包括银行存款、手头现金、存放于银行和其他金融机构的活期存款，以及极高流动性的短期投资项目——这些项目在到期日三个月内可随时兑换成已知数额的现金，且所需承受的价值变动风险较低。

【讲解提示】

通过这一句，就可以见识到英文财务报表中句子的长度，在高度集中的翻译状态时，看到这样子的句子很容易妥协，认为太长太难，其实并非如此。这一句描述了现金及现金等价物的组成部分，后面紧跟两个分别以"that"和"which"引导的定语从句，来修饰现金及现金等价物的组成，而"having been…"则修饰之前的内容，这样一来，凸显译文的逻辑关系，表达自然易懂。

【例 32】

原文：As at 31st December 2011, the Group's maximum exposure to credit risk which will cause a financial loss to the Group due to failure to discharge an obligation by the counterparties and financial guarantees provided by the Group is arising from…

译文：于 2011 年 12 月 31 日，本集团面对因交易方未能履行责任及本集团提供财务担保而导致自身财务损失的最大信贷风险敞口为……

【讲解提示】

该句结构很清晰，"which"引导了一个定语从句，代替的是"credit risk"，"due to"的部分是阐述产生财物损失的原因。总体来说，这个句子理解起来非常简单，关键就在于如何用汉语进行恰当表达。

六、会计文本的篇章翻译

英文的会计类文本语言风格严谨,用词严肃,不掺杂强烈的主观情感和宣传色彩,很多时候一个大段落只是一句话而已,或者几个长句组成一个段落,其间很少使用或不用标点符号。而中文的会计文本也一样具备法律性,组织严谨,具有程式化的特点。在翻译实践中,不管是原文还是译文,不能只是单一地翻译每个句子,要考虑到句与句之间的紧密关系,从而延伸到语篇分析。通过英语语言学的系统学习,深知语篇内段落之间、句子之间无不存在衔接性。其实,这种衔接性是通过替代、省略、连接等方式实现的。英语会计文本的信息性这一性质,决定了其目的是传递财务状况有效信息,因此汉译时首要考虑的是意义上的对等,减少翻译痕迹,注重信息接收者的感受。

【例33】

原文: Property, plant and equipment is depreciated on a straight-line over the estimated useful lives of the assets. The group reviews the estimated useful lives of the assets regularly in order to determine the amount of the depreciation expense to be recorded during any reporting period. The useful lives are based on the Group's historical experience with the similar assets. The depreciation expense for future periods is adjusted if there are material changes from previous estimates.

译文: 地产、厂房及设备以直线法按资产之估计可使用年期折旧。本集团定期检查资产之估计可使用年期,以决定任一时间内应记录的折旧费用数额。资产之可使用年期以本集团处理类似资产的经验为基础。若之前估值出现重大变化,未来的折旧费用将随之调整。

【讲解提示】

在上述段落中,核心点是"the estimated useful lives of the assets",因为它贯穿了整个段落,起到了很好的衔接作用,句子之间环环相扣、层层展开,逻辑关系非常清晰,第一句引出"the estimated useful lives of the assets"的功能,第二句讲述了集团对"the estimated useful lives of the assets"的检查目的,第三句则阐述如何估算"the estimated useful lives of the assets",整个段落采取了省略表达,但表述的仍是一个核心点——"the estimated useful lives of the assets"。所以,在汉译过程中,从语篇角度切入以分析句间的衔接,会明显增强译文的流畅性。

七、课后翻译练习

1. 将下列段落翻译成英语

（1）无法预见无形资产为企业带来经济利益期限的，视为使用寿命不确定的无形资产。

（2）建造合同的结果在下列条件均能满足时，于资产负债表日根据完工百分比法确认合同收入和合同费用。

（3）一般来说，上市公司通过与母公司资产转让置换，从根本上改变自身的经营状况。

（4）当无形资产的可收回金额低于其账面价值时，将资产的账面价值减记至可收回金额，减记的金额确认为资产减值损失，计入当期损益，同时计提相应的无形资产减值准备。

（5）符合资本化条件的资产在构建或者生产过程中发生非正常中断，且中断时间连续超过三个月的，暂停借款费用的资本化。

（6）每个资产负债表日对预计负债的账面价值进行复核。有确凿证据表明该账面价值不能反映当前最佳估计数的，按照当期最佳估计数对该账面价值进行调整。

2. 将下列段落翻译成汉语

（1）The business spending can be divided into revenue expenditure and capital.

（2）Normally, the account receivable has been counted and drawn for bad debt reserves' within three years, which will prevent the negative effects on the shareholders' equity.

（3）This phenomenon obviously goes against the conservatism principle of income recognition, and it brings trouble for the investors to give right assessment for enterprises' financial condition and profitability.

（4）While finding a listed company has huge assets, investors must analyze if the company has had accounts receivable for more than three years, and if it has unreal assets or hidden losses in combination with bad debt reserves.

（5）Listed companies usually adjust their profits by the transactions among their related parties to show their business performance to public and improve their social image.

(6) With regard to the intangible asset with limited service life, the company would predicate its service life when the company obtains it, and it shall be amortized systematically and reasonably (straight-line method of amortization) within the service life, with its amortization amount being measured into the current.

(7) The company shall review the book value of the deferred income tax assets on the balance sheet date. If it is unlikely to obtain sufficient taxable income to offset the benefit of the deferred income tax assets in the future, The book value of the deferred income tax assets shall be written down, and the amount written down should be subsequently reversed where it is likely that sufficient taxable income will be available.

【参考译文】

1. 将下列段落翻译成英语

(1) If it's unable to predict the period when the intangible assets can bring economic benefits to the enterprise, it shall be regarded as intangible assets with uncertain service life.

(2) If the outcome of the construction could meet all the following conditions, the contract revenue and expenses shall be recognized through the percentage-of-completion method on balance sheet date.

(3) Generally, listed companies fundamentally change their own business condition through assets deal and replacement with their parent companies.

(4) When the recoverable amount of the intangible asset is lower than its book value, the book value shall be written down to the recoverable amount, with the amount written down being recognized as asset impairment loss and measured into the current profits and losses, and meanwhile the corresponding.

(5) If the acquisition and construction or production processes of the assets eligible for the capitalization are interrupted abnormally and the continual interrupted time exceeds three months, the capitalization of the borrowing costs shall be ceased.

(6) The book value of estimated liabilities shall be reviewed on balance sheet date, and if there are some solid evidence indicating that the book value

can not reflect the current best estimate, the book value shall be adjusted on the basis of the current best estimate.

2. 将下列段落翻译成汉语

(1) 企业的支出有收益性支出和资本性支出之分。

(2) 正常情况下,三年的时间已经把应收账款全部计提了坏账准备,因此它不会对股东权益产生负面影响。

(3) 这种现象明显不符合收益确认中的稳健原则,不利于投资者正确评价企业的财务状况和盈利能力。

(4) 当投资者发现一个上市公司的资产很高时,一定要分析该公司的应收账款是否存在三年以上应收账款,同时要结合"坏账准备"科目,分析其是否存在资产不实、"潜亏挂账"的现象。

(5) 上市公司为了向社会公众展现经营业绩,提高社会形象,往往利用关联方之间的交易来调节其利润。

(6) 对于使用寿命有限的无形资产,本公司在取得时判定其使用寿命,在使用寿命内系统合理(直线法)摊销,摊销金额按收益项目计入当期损益。

(7) 于资产负债表日,本公司对递延所得税资产的账面价值进行复核。如果未来期间很可能无法获得足够的应纳税所得额用以抵扣递延所得税资产的利益,减记递延所得税资产的账面价值。在很可能获得足够的应纳税所得额时,减记的金额予以转回。

第四单元

法律类文本

第十章　法律文本翻译

一、法律文本翻译概述

法律是一个国家规范人们行为的依据，它承载了一个国家的政治、文化、法治思维和语言等独特的内涵。法律语言具有区别于其他类别语言的特点，因此，法律翻译并非易事。法律翻译深受多方面因素的影响，只有全面、科学地分析法律翻译中的影响因素，并采取有效的手段和方法，法律翻译才能够真正达到融合和贯通的目的。法律文本之所以能够被划入特殊用途语言中，原因在于法律文本主要是由具有区别性特征的法律语言构成的。由于法律文本不同于其他类型文本，法律文本的翻译也有着自身独一无二的原则、特点与方法。

二、法律文本的语言特点

（一）词汇特点

法律语篇文本的基本要素是词汇，词汇是构成语句的最基本成分（当然，还有其他要素，但表现在可视的文本中，词汇则是最基础的）。由于世界的普遍性，汉英法律语篇文本中的词汇存在很多相同特点，又因为汉英语言的差异，词汇也存在很大的不同。这些不同不仅表现为汉英语言的不同符号，还表现在词汇所承载的意义上。词汇是文本构成的基础要素，无论是汉语还是英语，为突出法律语篇文本的特性，一般都采用正式的词汇来构成法律文本语句和语篇。

正式的法律词汇主要由古体词汇、书面语词汇、外来词汇（借词）等构成。这些类型的词汇是构成法律语篇文本的历史和心理基础。古体词汇是在长期的法律文本使用过程中经过不断筛选而留存下来的，在心理上是正式、庄重的，具有传承性；书面语词汇一般具有规范性、正式性和严肃性；外来词汇是在民族交流、融合中长期积淀下来的约定俗成的词汇，具有凝练、正式、庄重等特点。

(二) 句法特点

一般来讲,语言句式有陈述、疑问、祈使和感叹等形式。在日常交际中,这四种语句形式使用得比较普遍。这样,交际的语言形式丰富多彩,也能展示人的思想交流变化万端。但是,在法律语篇文本中,句式的选用不像日常语言形式那么多样,而是约定俗成地使用以便使法律概念、含义和信息得以明确、直接表现出来。由于法律的权威性,陈述句、祈使句等句式被法律语篇文本普遍选用。根据法律的特性和法律语篇文本的特点,法律句式可按类型和功能来分类。从功能上看,法律句式主要分为陈述句和陈述性祈使句;从类型上看,法律句式可分为简单句和复杂句。

法律具有正式性、权威性和客观性,法律文本内容要去情化、客观化、直接化、逻辑化以及明确化,这就要求法律语篇文本所选用的句式必然是陈述型。句子成分要正常排列,要排除句子成分反常规的、制造不同语言效果的各种排列形式。因此,在功能上,法律语篇文本要尽量避免使用疑问句和感叹句以及其他类型的句式。

(三) 语篇特点

语篇文本是交际中构建的、一个大于小句的语言单位和语言形式。语篇文本在意义上要有完整性,在结构上要有顺序性,在功能上要有独立性,同时,要有语境下的可接受性。对此,伯格兰德和德雷斯勒(Dressler)将这些特点概括为连贯、衔接、意图、可接受、信息、情景、互文性。

从学科发展上看,对语篇的研究已经形成了体系性很强的学科方向。虽然话语分析、语篇分析、语篇语言学、篇章语言学等概念、理论和内容很多,有的还呈现重叠,但是,语篇文本研究的方向性还是特别明显的,已经出现了向语篇语言学的学科方向发展的基本态势。具有社会特殊作用的法律语篇文本也是语篇文本研究的重要内容,法律语篇文本研究也要符合语篇语言学的理论体系要求。法律语篇文本无论是在框架上还是在语句上都要符合语篇语言学的一般理论要求,但同时,也要凸显法律语篇文本的特殊性。

三、法律文本翻译的基本原则

翻译要遵守一定的原则。作为翻译实践的准绳,翻译原则能够衡量实际翻译工作的质量。法律翻译是一种法律转化和语言转换同时进行的双重活动。[①]不同类型的文本翻译原则不尽相同,法律翻译有着属于自身的侧重点。在总结他人提出的翻译标准基础上,可将法律翻译的原则归纳为准确性与精确性原则、清晰性与简明性原则、一致性与同一性原则以及语言专业化原则四大方面。

(一) 准确性与精确性

法律语言是严肃语言,重点在于陈述事实与细节,阐明法律概念和法律关系。法律文本的严谨性和庄严性决定了法律的语言必须准确,法律文件的翻译同样要精确,否则即使翻译中很小的错误都可能使当事人轻则财产受损,重则陷入法律诉讼的麻烦之中,更有可能带来政治上的争端。

【例1】

原文:Insert email address or facsimile number if different from contact details above.

译文:若电子邮箱地址或传真号码与前文详细联系方式中不同,请注明。

改译:若电子邮箱地址或传真号码与前文出租人详细联系方式中不同,请注明。

【讲解提示】

例句中原译文将"contact details above"译为"前文详细联系方式",并没有具体指明是出租人、承租人还是出租人房地产经理的详细联系方式,不够明确,这样就可能导致在填写表格的时候产生疑惑,所以改译时增添了限定主语"出租人",明确了填写人。

【例2】

原文:Strata by-laws ARE/ARE NOT * (* delete as appropriate) applicable to the residential premises.

译文:物业章程适用/不适用 * (* 为可删除项目)于本住宅房屋。

改译:分契章程适用/不适用 * (* 为可删除项目)于本住宅房屋。

【讲解提示】

例句中原译存在意思表达不准确的问题,主要是由于没有理解"strata by-laws"的意思。笔者在查阅维基百科相关资料时发现,"strata title"一词的表述为"strata title is a form of ownership devised for multi-level apartment blocks and horizontal subdivisions with shared areas"并且是"first introduced in 1961

---

① 卢敏.英语法律文本的语言特点与翻译.上海:上海交通大学出版社,2008:45.

in the state of New South Wales, Australia", 即"分契所有权是为多层公寓和与公共区域的水平细分而制定的所有权形式", 且是"澳大利亚新南威尔士州于1961年首次颁布的"。同时结合中文网站相关资料, 可确定"strata title"译为"分契式所有权"。所以在改译时将"物业章程"改为"分契章程", 所指更为准确。

准确性与精确性原则是法律文本翻译要遵循的首要原则。法律的严肃性决定了法律翻译的精确性, 这意味着精确性是法律翻译的根本, 否则法律翻译就失去了其价值和意义。法学界也一直在强调"法律语言在本质上要比普通语言更加精确"。所以, 准确性与精确性是法律翻译最为重要的要求, 也是法律本身的灵魂所在。

（二）清晰性与简明性

法律文本的翻译虽然把"忠实"放在第一位, 甚至有时会为了如实表达原文的意义而牺牲语言的流畅性, 但同时法律语言还应清晰和简明, 便于人们理解。法律语言的清晰性和简明性也同样适用于法律文本的翻译。

【例 3】

原文：The tenant must not affix any fixture or make any renovation, alteration or addition to the premises.

译文：承租人不可增添固定设施或对房屋进行翻修、改建或增添物件。

【讲解提示】

例句中笔者分别将"renovation""alternation"和"addition"三个词译为"翻修""改建"和"增添"。这三个词语的具体含义不同, 需要分别翻译, 与原文相对应。这样能够使承租人对自身的权利和义务更为清晰, 避免日后因此方面的问题而发生违约行为或产生法律纠纷。

【例 4】

原文：The lessor or property manager must make a reasonable attempt to negotiate a day and time that does not unduly inconvenience the tenant.

译文：出租人或房地产经理须就进入房屋的日期与承租人合理地协商, 以免对承租人造成极大的不便。

【讲解提示】

例句译文中将"a day and time"译为"进入房屋的日期", 而没有按照字面意思译为"进入房屋的日子和时间"。此处增译"进入房屋的"是联系上文, 就"进入房屋的日期"所规定的内容, 增译后译文更为完整清晰。而"日期"就包含了具体的"日子和时间", 使用"日期"使译文更为简洁。对后半句定语从句"that does not unduly inconvenience the tenant"的翻译采取了"反话正译"以及改变词性的翻译方法,译为"以免对承租人造成极大的不便"。若按照原句翻译为"从而不会过分地麻烦承租人",译文显得啰唆且不正式,不符合法律语言简明的原则。

【例5】

原文:Have you ever been excluded, asked to leave, deported or removed from any country?

译文:您是否曾被任何国家拒绝入境、要求离境或驱逐出境?

【讲解提示】

例句中"excluded"意为"被……排除在外的,拒绝接纳",联系上文,译为"拒绝入境","asked to leave"译为"要求离境",而"deported or removed from any country"所表达的"驱逐出境"也是同一个意思。这样译文使用三个并列的四字词语,形式一致,表达也符合法律翻译清晰性的原则。同时,也将重复概念合并翻译,避免了语言冗杂,体现了法律语言简明性的原则。

【例6】

原文:The tenant must be given a reasonable opportunity to be present at the final inspection.

译文:承租人必须参与房屋最终检验。

【讲解提示】

英语中大量使用被动语态,法律英语文本也不例外,而亨利·魏霍芬(Henry Wiehofen)强调过:"被动语态不但语气微弱,而且意义很难确定、模棱两可。"同时法律界也提倡,多使用主动语态更符合汉语的表达习惯。若按照原文被动句式翻译为"承租人必须被给予合适的机会去参加最终房屋检验",则不符合汉语的表达习惯且显得拖沓,所以笔者在翻译时根据汉语的表达习惯调整成主动语态。虽然准确性与精确性是法律文本翻译的根本,但这绝非意味着要字字对译,而是要讲究"经济简明",从而不仅可以使译者用最少的文字准确传达出原文的信息,同时也能使译入语的读者接受与理解。

(三) 一致性与同一性

翻译文学作品,在处理相似或相近意义的词语时,要尽可能地选用不同的表达方式,从而使文章语言丰富、生动。与翻译文学作品相反,法律的严谨性则要求法律文本中对于同一个概念、内涵或事物要始终统一,以免引起歧义,而无须担心词语的重复使用。法律翻译的一致性和同一性指在翻译过程中用同一词语表示同一法律概念和原则。所以在翻译法律文本的过程中要始终保持同一概念、内涵或事物在表述上前后一致，从而避免因为翻译不当而引起法律纠纷。在 lease agreement 中，"lessor""tenant"及"property manager"贯穿整个文本，在翻译时也始终保持了同一性，即分别译为"出租人""承租人"和"房地产经理"。而"citizenship"均译为"国籍"而不是"公民身份"，保持了全文同一词汇表达同一概念。这样，相同词语的意义在译文中保持统一，避免引起歧义。

（四）语言专业化

法律文本作为特殊目的的文本，要通过专业规范的语言表现法律的功能，所以法律术语就成为法律英语中最重要的元素，在翻译时也要使用相应的"法言法语"，尽量找到目的语中对应的法律术语。而且我们必须注意的是，很多词汇在其他类型文本或者日常生活中所表达的含义，到了法律文本中有着特定的法律意义，这也体现了法律词汇的"专业性"。恩里克·阿尔卡拉兹（Enrique Alcaraz）和布赖恩·休斯（Brian Hughes）所著的 *Legal Translation Explained*（《法律翻译解析》）一书中也说明了目的语词汇专业化的重要性（the need to use the standard target-language terms），而这就要求译者必须在一定程度上熟悉（familiarize）法律词汇，才能使译文更为规范。

【例7】

原文：The tenant is entitled to quiet enjoyment of the premises without interruption by the lessor or any person claiming by, through or under the lessor or having superior title to that of the lessor.

译文：承租人享有房屋的平静收益权，出租人或其他人不得妨碍承租人享有房屋平静收益权。

【讲解提示】

例句中"quiet enjoyment"意为"平静收益权"，即"承租人在使用租屋时享有的不受其他住户、房东或其他人的妨碍或侵扰的一种默示权利"。同时此句也没有逐字逐句翻译原文中"any person claiming by, through or under the lessor or having superior title to that of the lessor"的内容，避免译文拖沓。

【例8】

原文：In this clause, premises include fixtures and chattels provided with the premises but do not include：

译文：本条款规定，所出租的房屋包含动产和不动产，但不包括：

【讲解提示】

"clause"可以译为"目",但更多情况下应将其译为泛指意义上的"条款"。《新英汉词典》中对"clause"这个词的解释也是"条款,款项"。所以例句中将"clause"译为"条款"是合理的。《朗文法律词典》将"fixture"解释为"(不动产的)附着物",指的是"原动产(chattels)的物品因固定地、永久性地安装在不动产(land or a building)上,即成为该不动产的一个组成部分"。另外,结合下文"chattels"译为"动产",此处将"fixture"译为"不动产"。同时根据汉语表述习惯,调整译文词序,使译文更加符合中文法律文本的表达。

【例9】

原文:How did you gain this citizenship (e. g. birth, descent, naturalization)?

译文:您是如何获得此国籍的(如:出生、血缘关系、归化入籍)?

【讲解提示】

例句中"naturalization"在法律英语中意为"归化入籍",即满足条件的外籍人士,在满足一国法律的条件下,自愿申请成为该国公民的行为。翻译时选择对应的专业词汇,不仅使译文表达更为专业,也符合法律本身严谨性、准确性的要求。

在法律翻译中,术语的翻译是核心,只有使用专业的法律术语表达,才能够体现出法律本身的法律功能,精确地表达出源语的真正含义,同时也是法律严谨性的要求使然。针对法律术语的翻译,我国已经取得了实质性的进展,如我国原国务院法制办公室法规译审和外事司于1998年正式出版了《中华人民共和国法律法规汉英对照词语手册》,后又于2005年编印了《法规译审常用句式手册》,上海的译审外事室也通过《法规翻译》发布了法规翻译规范化用词。翻译时要尽可能地"以术语译术语",同时要遵守"约定俗成"或"遵循先例"(ibid.)。

四、法律文本的词汇翻译

(一) 古典词汇的传承性及翻译

古典词语被广泛应用于法律文本之中。一些惯用副词在法律文本中频繁出现,是法律文本正式特性的标志之一。汉语中的"兹""本""之""故""故此"等词语是古汉语的连接词,在汉语的发展中得到沿用,并不断被赋予简洁、庄重等含义和功能。"原告""被告""自首""大赦""上诉""起诉""诉状"等实体词尽管经历时代变迁但仍然承载着原有意义,并一直沿用下来。英语的古体词汇是在英国社会发展长期的历史进程中,不断将特定的法律概念、含义赋予其中的产物,这类词汇庄重、简练、意义清晰。在法律文本中,古典词语的使用有利于突出法律文体的正式性,上下文的衔接顺畅、正规,表意明确清晰。英语中的 hereby(由此,以此,特此)、hereinafter(在下文)、herein(其中,在此处)、hereinbefore(在上文)、hereof(至此,由此)、heretofore(直到此时)、hereto(至此,关于这个)、hereinabove(在上文)、hereunder(在下面)、hereunto(于是)、prior(之前)、therein(其中)、thereafter(此后,据此)、therefor(因此)、therefrom(由此,从那里)、thereof(由此,因此)、thereto(在那里)、thereon(关于那,在其上)、whereof(关于那个)、wherein(在那方面)、whereby(因此,这样)、subsequent(之后)、aforementioned(如前所述)、behoove(有必要)、foregoing(由此)、forthwith(立即,即刻)、henceforth(从现在起)、hitherto(至此)、pursuant to(按照)、aforesaid(上述)等古体词汇都属于在法律文本中高频出现的古典词汇。古典词汇的使用可以使句式结构紧凑,语义含义明确,风格古朴简洁,具有庄重性、威严性和权威性。这些词汇的使用能够使法律文本凝练、庄严。

【例 10】

原文: 现特此签订合同如下:

译文: Now this contract witnesseth as follows:

【讲解提示】

"witnesseth"是古英语词,是"witness"的第三人称一般现在时古体形式,用它来替代现代英语的"witnesses",以表示传统、庄重和正式。

【例 11】

原文: The Committee on Budget, Finance and Administrations shall review the annual budget estimate and the financial statement presented by the Director-General and make recommendations thereon to the General Council.

译文: 预算、财政和管理委员会应当对总干事提出的年度概算和财务报表进行审查,并就此向总理事会提出建议。

【讲解提示】

在此语篇文本中,"thereon"的使用不仅能够使句子紧凑、简洁,更产生了庄重的心理感受。古体词汇不仅源于历史的积淀,也代表了人的传承和保守心理,这种心理源于人对权威的敬畏。

(二) 书面语词汇的严肃性及翻译

书面语一般被认为是主要的正式交流用语。在法律文本中,存在大量的书面语用于法律内容的叙述。汉语中的"通缉(寻找,查找)""肢体(胳膊,腿)""上诉(告状)""密谋(偷偷商量)""购买(买)"等和英语中的 assistance (help)、commence(begin/start)、demonstrate (show)、modify/alter (change)、notification (notice)、principle(rule)、purchase(buy)、render(make)、terminate(end)、in accordance with(according to)、in consistency with(be consistent with)、incompliance with(comply with)、indemnities (compensation)、provided that(but)等词汇都是书面语,属语体正式、严肃的词汇。

【例 12】

原文:合同的权利义务终止后,当事人应当遵循诚实信用原则,根据交易习惯履行通知、协助、保密等义务。

译文:After the rights and obligations under a contract are terminated, the parties shall follow the principle of honesty and trustworthiness and the appropriate trading practice to perform the obligations of notification, assistance and confidentiality.

【讲解提示】

源语文本中的"终止""原则""通知""协助"在译语文本中,分别使用了正式语体的书面语 terminate、notification、assistance、confidentiality 来翻译。

【例 13】

原文:中国 X 公司与 Y 国 Z 公司遵照《中华人民共和国中外合资经营企业法》及有关法律的规定,本着平等互利的原则,同意共同投资开办合资经营企业,兹签订本合同。

译文:In accordance with the stipulations of The Law of the People's Republic of China on Joint Ventures Using Chinese and Foreign Investment and other related laws and rules, and on the basis of equality and mutual benefit, X of the People's Republic of China (PRC) and Z of Y, both agree to establish a Joint Venture Enterprise with joint investment and hereby sign this contract.

【讲解提示】

此句中,"in accordance with""on the basis of""hereby"是书面用语,在这里使用起到了正式、严肃、权威的语言效果和作用。

(三) 动词名词化结构及翻译

名词化是指通过使其他类别的语言符号或小句名词短语化的过程,"是将过程(其词汇语法层的一致形式为动词)和特性(其一致形式为形容词)经过隐喻化,不再是小句中的过程或修饰语,而是以名词形式体现的参加者"。汉语名词化主要依靠汉语词汇的词性和意义的自然转换。而英语要通过词汇的形式,并借助于其他词汇和形态的变化来实现名词化。"建设"一词可以表示行为,也可以表示抽象含义的状态。英语中的"to construct a system"要借助于词汇的形态变化和其他词的配合才能变成名词——"construction of a system"。名词化是法律文本的重要词汇特征,"名词化结构不仅使语言表达精练、准确,而且流露出法律的尊严和庄重,因此就使得整个语篇具有严肃性和权威性"。了解和认识法律文本中的名词化现象可以很好地帮助法律文本的翻译。

英语名词化有名词化+of+名词、名词+名词化、形容词+名词化、介词+名词化等类型。名词化+of+名词类型的名词化主要是借助于英语介词 of 来实现。例如,to eliminate danger 是动词短语,其名词化形式是借助于 of 的 elimination of danger; to associate A with B 变为 association of A with B。在法律文本中,这种名词化类型出现的频率很高。

【例 14】

原文: 民事责任的承担方式主要有:停止侵害;排除妨碍;消除危险;返还财产;恢复原状;修理、更换;赔偿损失;支付违约金;消除影响;恢复名誉;赔礼道歉。

译文: The main methods of bearing civil liability shall be: cessation of infringements; removal of obstacles; elimination of dangers; return of property; restoration of original condition; repair, reworking or replacement; compensation for losses; payment of breach of contract damages; elimination of ill effects and rehabilitation of reputation and extension of apology.

【例 15】

原文: 既存之固定污染源因采行防制措施致实际削减量较指定为多者,其差额经当地主管机关认可后,得保留、抵换或交易。

译文: Those existing stationary pollution sources that, as a result of the adoption of control measures, achieve actual emissions reduction quantities greater than designated reduction quantities may bank, offset or trade the difference after authorization by the local competent authority.

【讲解提示】

上面两个例句中,"of"前的词汇"cessation""removal""elimination""extension"等都是动词经过形态变化而来的名词,它们借助于"of"及其后面的名词构成名词化形式。"adoption of"和"after authorization by"是名词化的结果。由于动词在主谓关系中的功能和作用,动词多了,语句中的谓语动词也会很多,语句会很累赘,信息也会有一定的混乱。所以,将其名词化,这样,动词的意义得以保留,语句也得到精炼,更重要的是突出了重要信息。名词+名词化类型主要是名词前置于名词化动词,该名词做名词化动词的修饰成分。

【例 16】

原文:法庭辩论终结,应当依法作出判决。

译文:At the end of the court debate, a judgment shall be made according to the law.

【例 17】

原文:当事人依照本法第九十二条的规定可以向人民法院申请财产保全。

译文:The parties to an action may, in accordance with the provisions of Article 92 of this Law, apply to the people's court for property preservation.

【讲解提示】

上面两例中的"court debate"和"property preservation"在英语中都进行了名词化处理,使语句简洁、意义明确。

五、法律文本的句式翻译

(一)陈述型句式简单化及翻译

简单句具有形式短小、信息详尽完整、思维清晰严密的特点。正是由于这一原因,法律语篇文本中的简单句使用频繁。汉英法律语篇文本的语句特点也符合这一规律。汉语属意合性语言,在句法上表现为语句结构简单、句子短小、显性连接手段少。英语属形合性语言,语句较长,注重句子成分之间的衔接。由于法律的公众性,汉英法律文本中的句式还是以短小和清晰为根本,即便使用长句、复杂句,句式中的成分也都是清晰的、逻辑性强的。

由于法律的严肃性和规范性,同时法律又涉及涉法的人、事、物各个方面的利益,因此,法律的描述、陈述、规定、制约等语言表述是非常复杂的过程,与法律相关的人、事、物的表述必须要依据法律的功能、特点对句式进行合理的选用,要考虑法律权利在句法上的表现形式,或者说,用何种句式去表述全部法律事实和法律后果。总的看来,简单句式在法律行文中的选用比较多,是法律语篇文本中普遍存在的语句表达形式。简单句式的选用可以满足法律语言的严密性、逻辑性、简洁性、权威性等特点的要求,无论是陈述、说明还是命令,简单句式都能发挥其特有的作用。

汉英法律语篇文本中要体现非论证性、强力规定性并解释法律术语,都普遍采用简单句式。汉语法律文本简单句的关键词是"是""颁布""实施""认定"等;英语中主要有 be (is、are 等)、have (has) the meaning of、mean、refer to 等固定性词语。

【例 18】

原文:根据《中华人民共和国宪法》规定,为保护公民的私有财产的继承权,制定本法。

译文:This Law is enacted pursuant to the provisions of the Constitution of the People's Republic of China with a view to protecting the right of citizens to inherit private property.

【讲解提示】

虽然这类句式简单,但是在法律语篇文本的陈述中,特别是在关系到法律某些具体权威行为的说明、告知、发布、禁止等方面,起着很大的作用。

(二) 句式的权威性及翻译

尽管特殊,法律语言还是不能超脱民族共同语,汉英法律语篇文本句式也不能超脱民族共同语。因此,法律语篇文本句式还要遵守民族共同语的语言规律,只是由于法律的特性和特点,法律文本句式不像交际语言中的句式那样灵活,而是具有一定的固定表达方式,也称封闭性表达方式。

总体说来,汉语的意合性语言特点主要依靠语法关系的呈隐性,不借助语言的形式和手段而利用语境因素和词语或句子所含意义的内在逻辑关系来构建各种句子成分之间的关系,通过这些逻辑关系来实现意义的连贯;英语的形合性特点决定了句子之间各种关系要依靠语言形式手段进行连接,注重衔接,通过衔接来实现意义的连贯。这些语言特征是不同句式结构反映出来的,不同的句式结构在交际过程中发挥着不同的语言功能。

法律语言的这些常规或规定主要表现在简单句和复杂句的使用上。这些规定性的表达方式就是根据人的思维方式、敬畏法律的心理和社会经历通过语言的某些形式来传递法律信息,达到法律效果。亦即,法律权利、义务和禁止关系要通过某些语言形式使法律意义、信息得以具体化。因此,法律文本句式从功能上看主要有授权、禁止、义务等句式。

【例 19】

原文:A person to whom any part of a seaman's wages has been allotted… <u>shall have</u> the right to recover that part in his own name and for that purpose <u>shall have</u> the same remedies as the seaman has for the recovery of his wages.

译文:凡在中华人民共和国领域外犯罪,依照本法应当负刑事责任的,虽然经过外国审判,仍然可以依照本法追究,但是在外国已经受过刑罚处罚的,可以免除或者减轻处罚。

【讲解提示】

例句中的画线部分就是比较典型的授权句式,言简意赅、不容置疑的特点明显表现在这种句式中。

(三)句式的程式化及翻译

虽然因法律含义需要明确、简洁、有效地进行传递,多使用短小句子,以使思维、逻辑和理解全面、紧密,但是在进行比较复杂的法律人或事的阐述中,比较长的、复杂的句子也要充分、有效地使用。汉英语复杂句都是由两个或以上的分句组成的句子。汉英法律语篇文本的复杂句构成也已经成为一种法律特有的独特句式模式,是汉英语句符合法律语篇文本特点和规律的重要体现,满足了法律句式本身的规律和要求。汉英法律语篇文本的语句形式规律在法律发展中不断完善、不断固化,慢慢形成了比较稳定的句式结构。

法律语篇文本中句式的程式化程度很高,主要是因为法律在传递法律信息时要求的逻辑性特别强,在指示与接受者、原因与结果、条件与状态、预设与后果等逻辑关系中,突出有理有据的法律信息表述特点,同时,还要根据事件所涉及的要素的出现次序进行信息表述。法律语篇文本中的句式的程式化特点在逻辑方面表现得特别明显。这样的程式化句式结构可以上升到理论层面。比如,就条件句而言,其程式化构成要件共有四个:情况(case)、条件(condition)、法律主体(legal subject)和法律行为(legal action)。

【例 20】

原文:要约可以撤回,撤回要约的通知应当在要约到达受要约人之前或者与要约同时到达受要约人。

译文:The offer may be withdrawn, if, before or at the same time when an offer arrives, the withdrawal notice reaches the offeree.

【讲解提示】

上例中的句式就符合这种"在……情况下,……事件(发生),法律将就此进行法律活动,最后是(法律运作后的)……法律结果"的法律文本句式的程式化结构要求。

【例 21】

原文: 开发区应按照上海市经济发展战略和城市总体规划的要求,以吸收外资发展新技术和新兴产业、举办先进技术企业和产品出口企业为主,根据需要也可兴建国际贸易、国际金融、外事活动场所和举办旅游、提供寓所等服务项目。

译文: The development zones shall, pursuant to the strategy of Shanghai's economic development and the requirements prescribed in the city's overall planning, focus on utilizing foreign investment for developing newly emerged technologies and industries as well as for launching technologically advanced and export-oriented enterprises. They may also build, where the context permits, premises for conducting international trade, finance, and other activities in connection with foreign affairs as well as render such services as conducting tourism and providing residences.

【讲解提示】

在此例中,在"shall…focus on"之间插入"pursuant to",在"build…premises"之间插入"where the context permits",使逻辑关系更加明确、严密。

【例 22】

原文: A contract is concluded, modified or terminated by the mere agreement of the parties, without any further requirement.

译文: 当事人仅凭协议即可订立、修改或终止合同,无任何其他要求。

【讲解提示】

上述英语法律条文中,被动语态使用得非常自然,符合英语的特点,也顺畅地表达了法律条款的含义。其汉译文中,并没有直接使用被动语态,而是根据汉语的一贯做法,使用了主动形式。

(四) 句式的凸显性及翻译

法律具有明显的规范、约束等功能,这些法律功能要明确、直接,在句式上就要表现很强的逻辑性、简洁的陈述性和明确的规定性。逻辑性主要按照人的思维、事件的因果和过程、人的行为因果和过程进行语句形式的构建;陈述性主要表现为直接、明确的语句形式;规定性主要表现为祈使和命令的语句形式。

【例 23】

原文:如逾期不履行的,由工商行政管理机关限期履行。

译文:In case of failure to do so within the prescribed time, the administrative authorities for industry and commerce shall set another time limit for the fulfillment of such obligations.

【例 24】

原文:If the Chinese and foreign partners have reached an agreement to extend the term of cooperation before it expires, the Chinese and foreign partners shall apply to the examining and approving authorities 180 days prior to the expiration of the term of cooperation.

译文:合作期满前,中外合作者同意延长合作期限的,应当在合作企业期限届满 180 日前向审批机关提出申请。

【讲解提示】

根据统计,美国《统一商法典》(The Uniform Commercial Code)中共有 1229 个"if"表示假设,其中句首 474 个,其余全在句尾;有 81 个"where"引导的假设,放在句末的有 42 个。《中华人民共和国海商法》中的假设只有 1 个"如果",放在句首;表示预设"……的"结构有 222 个,全在句首。统计说明了法律语句意义或信息的内在逻辑关系以及对受众所产生的识解和接受的功能和作用。

六、法律文本的篇章翻译

(一) 法律语篇文本的程式化及翻译

为了准确传递法律意图、信息内容,以帮助法律使用者正确理解和在司法中进行贯彻,法律语篇文本都要按照比较固定的语篇文本模式、文本结构进行构建。尽管不同于其他文本类型,但作为表达法律相关信息的文本类型,就要通过固定的程式化的结构来表达法律规范的严肃性、内容的合理性、行为的规范性和法律效果的权威性。由于法律的特性和特质及其要求,法律语篇文本的程式化结构能够赋予法律条文、专业术语和概括性词语具体的阐释语境,以便识解和遵从,也符合法律专业人士的专业特点,从而避免曲解和错误。

【例 25】
原文：(1)《中华人民共和国教师法》

第一章　总则

第二章　权利和义务

第三章　资格和任用

第四章　培养和培训

第五章　考核

第六章　待遇

第七章　奖励

第八章　法律责任

第九章　附则

(2)《美国刑法》(第三版)

第一篇　绪论

第一章　刑法性质和犯罪分类

第二章　美国刑法的渊源和限制

第二篇　犯罪总论

第三章　犯罪本体要件——刑事责任基础

第四章　排除合法辩护——责任充分条件

第五章　不完整罪

第六章　共同犯罪

第三篇　具体犯罪

第七章　侵犯人身罪

第八章　侵犯财产罪

第九章　刑法典中的其他犯罪

第十章　经济犯罪

第四篇　刑罚及其执行

第十一章　刑罚理由和刑罚种类

第十二章　刑罚制度

译文：(1) Teachers Law of the People's Republic of China

Chapter Ⅰ　General Provisions

Chapter Ⅱ　Rights and Obligations

Chapter Ⅲ　Qualifications and Employment

Chapter Ⅳ　Cultivation and Training

Chapter Ⅴ Assessment

Chapter Ⅵ Material Benefits

Chapter Ⅶ Rewards

Chapter Ⅷ Legal Liability

Chapter Ⅸ Supplementary Provisions

(2) Criminal Law of the United States (the 3rd Edition)

Part Ⅰ Preamble

Chapter Ⅰ The Nature of Criminal Law and the Classification of Crimes

Chapter Ⅱ The Sources of and Limits on Criminal Law

Part Ⅱ General Theory of Crimes

Chapter Ⅲ The Elements of Crime—Basis of Criminal Responsibility

Chapter Ⅳ Principles of Legality and Exclusion of Unlawful Evidence—Sufficient Condition for Responsibility

Chapter Ⅴ Inchoate Offense

Chapter Ⅵ Joint Offense

Part Ⅲ Crimes

Chapter Ⅶ Crimes against Persons

Chapter Ⅷ Crimes against Property

Chapter Ⅸ Other Criminal Offenses under Criminal Code

Chapter Ⅹ Economic Crime

Part Ⅳ Punishment and Execution

Chapter Ⅺ Justifications for and Types of Punishment

Chapter Ⅻ Penal System

【讲解提示】

从某一完整法律体系上看,法律语篇文本呈现程式化,上述法律就说明了这一点。这样的文本涵盖了语篇所要求的各种要素,即连贯性、衔接性、意图性、可接受性、信息性、情境性和互文性等。

(二) 法律语篇文本的连贯及翻译

连贯是语篇的基本要求,也是翻译中的一个重要标准,翻译的过程"既是语言符号的转换过程,又是连贯的重新构建过程"。要进行译文的连贯重新构建,译者要确保译文能够正确、清晰地展现原文内容的连贯,要在语篇理论上了解、把握原文内容的连贯性,在译文语篇里重新建立具有相同价值的连贯结构。

【例 26】

原文：DECLARED VALUE. ··· Paragraph (1) does not apply if the nature and value of the goods have been declared by the shipper before shipment and the declaration is contained in the contract of carriage, but the declaration shall be only prima facie evidence of the nature and value of the goods.

译文：价值申报——如在货物装载上船之前，托运人员已申报过该货物之性质和价值，并且其申报的已记录在运输合同之中，那么，(1)项之规定不适用于本款，但是，该申报只可以作为该货物之性质和价值的基本说明。

【例 27】

原文：When the tonnage of any ship has been ascertained and registered in accordance with the tonnage regulations that tonnage shall be treated as the tonnage of the ship except so far as registration regulations provide, in specified circumstances, for the ship to be re-measured and the register amended accordingly.

译文：船舶吨位一经确定及按照吨位规定被确认并登记以后，即当作该船舶的吨位，除非登记规定在特殊情况下，该船舶吨位才应该重新进行核准并做相应的修改和登记。

【讲解提示】

在上述法律条款中，"（货物）价值及申报"和"（商船）吨位及规定"是各法律条款中的主题，其他的法律信息都是围绕这些主题进行排列的。这些主题的核心作用就使各条款的意义连接在一起，达到了连贯的效果，表现了法律的意义和作用。

七、课后翻译练习

1. 将下列段落翻译成汉语

(1) I understand the department may collect, use and disclose my personal information (including biometric information and other sensitive information) as outlined in Form 1442i Privacy Notice.

(2) Where the premises are separately metered to measure consumption of a specific utility, the tenant must pay for the connection and consumption costs as per the relevant account for the premises.

(3) "Generator" means ×× or an entity that has been retained by ×× to

generate Device Certificates and Device Keys for use by Adopters.

(4) Where any worker refuses to perform dangerous operation due to the illicit command or forcible order of the manager of the employer, he may not be deemed to be in violation of the labor contract.

(5) If in a civil action in respect of a case involving foreign element, the defendant raises no objection to the jurisdiction of a people's court and responds to the action by making his defense, he shall be deemed to have accepted that this people's court has jurisdiction over the case.

(6) This law is enacted for the purpose of regulating insurance activities, protecting the legitimate rights and interests of the parties involved, strengthening supervision and control of the insurance industry and promoting its healthy development.

(7) Agencies that are established by subordinate administrative divisions of a higher level government and are located in a lower level administrative region shall carry out the regulatory responsibilities of food safety under the integrated organization and coordination of the lower level government.

2. 将下列段落译成英语

（1）发生法律效力的民事判决、裁定，当事人必须履行。

（2）受送达人下落不明，或者用本节规定的其他方式无法送达的，公告送达。

（3）原告向人民法院提起诉讼，应符合以下条件。

（4）"必要权利要求"指×××、任何开发方、使用方或任何同类使用方、任何内容参与者或上述各方之关联方持有或控制的、制造一个符合界面的产品必然会侵犯的、关于界面的一项专利或专利申请里的权利要求。

（5）对法人或者其他组织提起的民事诉讼，由被告住所地人民法院管辖。

（6）董事会的议事方式和表决程序，除本法有规定的外，还有公司章程规定。

（7）当事人一方不履行合同义务或者履行合同义务不符合约定，给对方造成损失的，损失赔偿额应当相当于因违约所造成的损失，包括合同履行后可以获得的利益，但不得超过违反合同时预见到或者应当预见到的因违反合同可能造成的损失。

【参考译文】

1. 将下列段落翻译成汉语

(1) 本人明白该部门可以搜集、使用以及公开 1442i 表格《隐私声明》中涉及的个人信息(包括生理信息及其他敏感信息)。

(2) 若房屋分别为不同的设施配备不同的计量表计算消费情况,承租人须按照相关账单支付联网和使用费用。

(3) "出具机构"指×××或×××聘请的、出具设备证书和设备密钥为使用方所用的实体。

(4) 劳动者拒绝用人单位管理人员违章指挥、强令冒险作业的,不视为违反劳动合同。

(5) 涉外民事诉讼的被告对人民法院管辖不提出异议,并应诉答辩的,视为承认该人民法院为有管辖权的法院。

(6) 为了规范保险活动,保护保险活动当事人的合法利益,加强对保险业的监督管理,促进保险事业的健康发展,制定本法。

(7) 上级人民政府所属部门在下级行政区域设置的机构应当在所在地人民政府的统一组织、协调下,依法做好食品安全监督管理工作。

2. 将下列段落翻译成英语

(1) The parties concerned must comply with legally effective judgments or written orders in civil cases.

(2) If the whereabouts of the person on whom the litigation documents are to be served is unknown, or if the documents cannot be served by the other methods specified in this Section, the documents shall be served by public announcement.

(3) The following conditions must be met when a plaintiff brings a lawsuit before a people's court.

(4) "Necessary Claims" means claims of a patent or patent application relating to the Interface that must be infringed in order to make a product that complies with the Interface, which are owned or controlled by ××, any Founder, Adopter or any Fellow Adopter, any Content Participant or any of their respective Affiliates.

(5) A civil lawsuit brought against a legal person or any other organization shall be under the jurisdiction of the people's court of the place where the defendant has his domicile.

(6) The modes of meeting and voting procedures of a board of directors shall, in addition to the provisions of this Law, be stipulated by a company's articles of association.

(7) If either party fails to perform its obligations under the contract or does not perform its obligations as contracted and thus causes losses to the other party, the amount of compensation for the loss shall be equivalent to the loss actually caused by the breach of contract and shall include the profit obtainable after the performance of the contract, but shall not exceed the sum of the loss that might be caused by a breach of contract and has been anticipated or ought to be anticipated by the breaching party in the making of the contract.

第十一章　法学著作与文献翻译

一、法学著作与文献翻译概述

　　法律翻译作为一种特殊文本的翻译倍受重视。随着中外在法律领域的交流逐渐增多，法律翻译的需求也随之扩大，逐渐成为一个重要的研究课题。翻译外国法律著作或文献有助于了解别国的法律法规、法律制度以及外国学者的法律观点和思想，从而为国内法律提供可借鉴的内容，从中汲取他们的优势，弥补自身的不足。翻译法律类的著作或文献，不仅要求译者了解法律用语、法律文本的表达方式，理解法律知识，而且学术著作翻译对译者的专业功底要求特别高，译者要掌握专业知识，展现语言功底，把握好学术著作翻译具有的高度的严谨性、规范性、权威性和科学性，做到翻译与学术的完美结合。

二、法学著作与文献的语言特点

　　特征是一种外部形态，是内部性质的作用呈现出来的特色。法律文献也不例外。它的特征是建立在一定事实基础上的产物，是由法律独有的性质所决定的。法律的严肃性、社会性和实践性决定了法律文献与之相适应的特征。法律的严肃性必然要求法律文献规范化，法律的社会性导致法律文献分散化，法律的实践性促进了法律文献多样化。规范化是其内容特征，分散化是其来源特征，多样化则是其形式特征。

（一）规范化

　　法律文献的规范化与法的规范性密不可分。法是由国家强制力保证实施的行为规范，强制性和规范性是法的本质特征，在法的背后隐藏着强大的国家机器，这使法区别于其他社会规范。因此，法律文献的规范化主要表现在法律文本，其制定、发布和实施都有严格的法定程序，以确保能够得到贯彻实施，而其他学科文献则无此功能。

法律文献的规范化表现在两个方面,即法律文本的规范和法律文书程式的规范。法律文本是法律文献的核心。它不同于一般的文献,法律文本通过外在的规范充分体现法律内容的庄重和严肃,反映法律的权威和神圣。而法律文书程式的规范则是仅次于法律文本规范的重要内容。不同的法律文书对文书格式、文书内容、写作顺序等都有一定的要求。这些都体现了法律文献的规范化要求。

(二) 分散化

相较于其他社会学科文献资源集中式的分布特点,法律文献资源的分布呈分散状态。作为规范和调整人们行为和社会关系的工具,法本身就具有社会属性,法学与同属于社会科学的其他学科如经济学、政治学、社会学、教育学、军事学等学科密切相关、彼此渗透和交叉。因此,法律文献资源的分布范围并不仅仅局限于法学范畴,而是同时存在或包含于许多其他相关学科领域中。

分散化是法律文献的重要特征。这是法律社会性在法律文献中的客观表现。法律的发展经历了一个数量上由少到多、范围上由窄变宽的过程。法律文献也不例外,走过了一个由简到繁、由单纯到复杂的历程。社会越发展,法律越完备,法律文献的种类就越丰富,法律文献涉及的范围就越宽广,从而文献的分散化也体现得越明显。

(三) 多样化

法律文献的外在表现形式多姿多彩,远非其他学科相对单调的文献资料形式可比。从文献的内容来说,既有强制的法律、法规、规章、命令、公告等规范性文件,也有法学著作、法学论文等学术性成果;从文献的表现形式来说,既有法定机构出版的标准文本,也有商业出版公司出版的普通版本;从文献的效力来说,既有现行有效的法律文本,也有历史上的或已被废除失效的法律文本。

多样化是法律文献的又一重要特征。多样化是法律实践性在法律文献中的积极反映。社会生活的纷繁复杂必然呈多样色彩。随着法律的制定,围绕法律的补充、解释、应用、学习、研究、教育、宣传不断开展,法律文献的样式也不断地增多,形式不断地创新,以便更加广泛地适应不同环境条件的需要。

除了以上提及的三个特征之外,法律文献还呈现出地域性的特征。由于历史、文化背景的差异性,以及政治、经济发展水平的参差不齐,各个国家和民族的法律制度和法治理念亦不尽相同,因而其记录法律制度、承载法律思想的法律文献也就具有了强烈的地域色彩。

三、法学著作与文献翻译的基本原则

传统上,就翻译的一般原则而言,不同的国家、不同的时代、不同的学者给出的答案并不一致。从国内来看,近代翻译史上的翻译家严复先生,首先提出了"信达雅"的翻译原则,即忠于原文、通顺流畅、文字典雅。另一位同样对翻译有极深造诣的翻译家傅雷先生,结合自己多年的实践经验,提倡翻译"重神似而不重形似"。在国外,美国翻译家尤金·奈达提出了功能对等说或者动态对等说,主张译文应达到最接近原文的、自然的信息对等。英国的彼得·纽马克教授则在众多西方翻译学说的基础上提出了"传意翻译"和"语义翻译"学说,主张判断翻译好坏的标准还是准确性和再现原文意思的力度问题。

如此看来,翻译的基本原则可谓见仁见智,众说纷纭。有的从主观出发,从译者自身出发,设定译文标准;有些则强调翻译的客观性,要求翻译所传达的信息必须易于被读者理解和接受,以起到交流和传递信息的作用,并使译文读者有与原文读者相同的感受和反应。但是,这些见仁见智的翻译原则,能否适用于法律著作翻译,恐怕没那么简单。较之传统的文本翻译,法律著作文本的翻译有着自身的规律和特点,适合法律著作翻译的原则也应与众不同。概括起来,法律著作翻译至少应遵循以下几条基本原则。

(一) 精确性

长久以来,人们对翻译所追求的共同目标就是做到准确,对法律语言或者法律文本来说,尤其如此。波斯纳曾说:"法律翻译的根本问题,就是准确性问题。"无论是严复提倡的"信",还是美国学者奈达提出的"对等"学说,从本质上来讲,都是追求准确表达原文所意欲达到的意义。法律翻译追求的准确性就是将原文法律语言准确传达给译文读者,实现原文立法语言和司法语言使用过程中所追求的目标。从立法的角度看,立法者必须通过准确使用每一个词语,表达所授权立法的思想,并使每一个法律概念准确无误地传达给法律文本的使用对象。因此,准确地使用语言是法律文本最重要、最根本的要求,反映了法律语言的生命与灵魂所在。

值得注意的是,此处将精确性和准确性放在了同一语境之下进行考察,主要是因为法律翻译是一个涵盖甚广的范畴,法律文书的性质不同,对其译文精确程度的要求也不可能相同。因此,此处将法律翻译的精确性和准确性相提并论。

具体而言，翻译准法律文件，可把准确作为准则；而对于那些正式程度较高、责任重大的法律文件，则更应注重文本的精确性。

(二) 对等性

从20世纪50年代开始，翻译的对等性问题一直是翻译学界共同关注的话题。自罗曼·雅各布森提出对等性这一理论以来，这一理论在西方的影响堪比严复先生所提的"信达雅"标准在中国的影响。尽管源语文本和目标语文本所承载的社会文化背景不可否认地存在着巨大的差异，但对译出的文本被要求与源语文本保持功能上的对等，多年以来被翻译界奉为评价翻译作品质量的重要尺码。但问题是，在翻译法律文献时，是否也应该引入对等理论作为法律翻译的质量评估标准？答案应该是肯定的，但也不尽相同。法律文本作为一种具有特殊功能的文本，其文本语言的专业性和文本背后特殊的文化内涵决定了在翻译的过程中不可能实现完全对等。

此外，一般文本的翻译，如文学翻译所要求的对等也不同于法律著作文本翻译时所要体现的对等。第一，在文学翻译时，在译文中所要求产生的对等应该是源语文本经过翻译加工后能够在读者的脑中产生同样的共鸣，并使读者达到同样的期待视野。而法律著作文本所期待的却是源语文本和目标语文本能对读者产生同样的影响和约束力，起到规范和调整社会关系的作用。第二，法律著作文本翻译的过程中，源语文本的语言深深地根植于社会、历史和文化背景之中，其言语的表达方式往往很难在目标语言中找到完全对应并具有同样社会、历史和文化背景的词语。如果硬要牵强附会地去寻求对等，不但有可能会歪曲源语文本的意思，甚至可能会影响到法律著作文本的社会效力，并削弱法律的权威。尽管在文学翻译的过程中，可能也存在文化差异的问题，但文学语言往往具有替代性，能达到同样的艺术和美学效果就可以了。因此，在进行法律翻译时，并不需要让词语完全对应，而是在同样的文化背景和法律体系下，能找到相似的词语并达到与原文相同的法律效果，在意思上取得等效性即可。举例来说，我国法治文化中特有的"劳改犯""巡视员"等法律术语，如何才能让身处英美法系的读者通过法律翻译感受到原始法律文本意欲表达的含义？第三，法律词义范围的对等性。语言是一门工具，同样的，法律语言也是一门工具，旨在表达法律所要传达的信息。当人们在转换不同语言时，往往会发现一些词语根本无法通过字典或其他工具找到准确的译文，更不用说法律信息的对等传译了。第四，由于各国国情和历史的不同，不同的法律文化和法律传统所孕育出来的法律概念很难完全对等，在不同的法律文化中，很多法律词汇并不一定有对应的表达方式。以国际私法为例,lex personalis(属人法)、attribution(系属)、lex causae(准据法)等这些专业法律术语,在我国法律文化中就未曾有类似表达,如果直接从字面上去理解,读者极有可能会产生误解。同样,一些带有浓郁中国特色的法律词汇,诸如"投机倒把罪""低保""下岗"等,被翻译成英文后,能否在英美法系的西方读者中产生同我们等值的法律效果,值得怀疑。第五,法律著作翻译中的"假朋友",即英汉法律语系中照字面意义翻译的内容,实际含义却并非如此。了解国际公法的读者一定对"good office"和"high sea"不会陌生,但是一般的读者初次接触这两个法律专业词汇,如果仅按字面意思将其理解为"好办公室"和"高海",就难免贻笑大方。法律汉语中的许多词语或术语时有英译的"假朋友"现象。翻译失误的原因,一方面是没有完全对应的英文词语,另一方面是译者的疏忽或望文生义。举例来说,"avoid the contract"中的"avoid"一词,一般意义上我们都会想当然地理解成"避免""避开""逃避"等,但此处"contract"意指合同,"avoid"可译为"撤销""使无效""废止"等含义。因此,要想实现法律翻译的对等性,不妨在翻译前先做点功课,掌握一些专业词汇和本专业的惯常表达方式,熟悉要翻译文章的内容、文体和文字的风格等,正所谓"工欲善其事,必先利其器"。与此同时,多利用工具书和一些相关的法律专业资料,诸如法律词典、法律翻译文献等,直到将欲翻译的文章彻底弄懂弄透,唯其如此,才可能达到翻译的对等性。

(三) 简明化

国家的法律语言通常是这个国家最正式、最规范的语言。原则上讲,用精确的词语表达明晰的法律概念,是法律语言最重要的特点和最基本的要求。法律文本起草人往往喜欢使用那些奇特、深奥的专业词汇或词组,结果使法律文体充斥着过多难懂的行话或专业术语。普通民众,甚至是业内人士要想真正地理解这些法律语言也并非易事。法律如果写得不清楚就会变成陷阱。同样,如果法律条文翻译得不清晰,含糊其词,模棱两可,在通过冲突法规则的指引而在另一国得到适用时,这些法律条文不但会无法执行,甚至也可能成为陷阱。即使原文没有陷阱,译文也会使之成为陷阱。

【例 1】

原文:The remainder of the testator's property should be divided equally between all of our nephews and nieces on my wife's side and my niece.

译文:立遗嘱人剩余财产应由我妻子方所有的侄儿、侄女和我的侄女双方平分。

【讲解提示】

这是美国阿肯色州最高法院的一个真实案例：立遗嘱人本人只有一位侄女，而太太方有多位侄子、侄女。在这些人中间是平均分配还是先"一分为二"？可见立遗嘱时在行文的清晰度方面稍有疏忽，就会惹出财产纠纷，同时也给译者带来了困惑。根据阿肯色州最高法院的判决，剩余财产的一半最后还是被判给了立遗嘱人的侄女。原文用的连词是"between"，而不是"among"，已表明立遗嘱人要"一分为二"的意图，但是如果原文写得更清晰一些，恐怕这场官司根本就不会发生。本句可以改为："The remainder of the testator's property should be divided equally between all of our nephews and nieces on my wife's side and my niece as another."法律文字本来就已经给人累赘烦琐的感觉，法律文件的翻译人员有责任把原文的意思表达得清晰明了。如果原文运用了复杂、冗长的句式，译者未必需要用同样复杂的句式来翻译原文。简明清晰是法律著作翻译的一个必要原则。译者可采用灵活的手段，尽量将译文的意思用简洁、精练的词语和句式表达出来，以便准确地传递相关信息。

【例2】

原文：One can best illustrate the unreliability of the information communicated by the trade mark register by taking as a starting point the hypothetical person who searches the register regularly with a view to determining whether it is safe to use particular signs in the course of trade.

译文：商标登记处提供的信息并不安全，首先最能证明这点的是，假设某人想了解贸易中使用的特殊标记是否安全，便常去登记处检索。

【讲解提示】

这种长句在法学学术著作中较为常见，句子结构复杂，句子中不仅掺杂着定语从句，还有由介词短语引导的状语从句，环环相扣。翻译这类句子，应先理清句子结构，找出句子主干，再对从句进行分析。此句中，"one can best illustrate…by…"是句子主干，由 who 引导的定语从句修饰"the hypothetical person"，而"with a view to"引导着状语从句。理清句子结构后，可通过前置法，将状语从句提前，使译文更符合逻辑。此处，将"unreliability"译作"不安全"，使用了转换的翻译方法，将英语常用的名词转换成汉语的形容词，词性的转换使译文更加通顺。另外，根据英语重形合、汉语重意合的特点，原文的一句话，译文按意群分开来译，运用了拆分法使之符合汉语的表达习惯。当原文长句句子结构和表述逻辑与汉语表达无异、无须作出较大调整时，可采用顺译法进行翻译。

【例 3】

原文：If small and medium-sized enterprises often make little use of the information provided by the trade mark register and if trade mark registration might, in fact, create significant additional risks for such enterprises, registration would at least seem to provide important information to larger businesses and other businesses that are particularly well informed.

译文：虽然中小企业不常利用商标登记处提供的信息,商标注册也确实给这些企业带来严重的附加风险,但注册登记至少为大型企业和消息灵通企业提供了重要信息。

【讲解提示】

此句有两个"if"引导的条件状语从句并列存在,主句也不是很复杂,因此可以基本保留原文的语序,使用顺译法进行翻译。而对"by the trade mark register"这一定语和"that are particularly well informed"这一定语从句,可采用前置法作出调整,使译文更加通顺。法学学术著作中的长句复杂严谨,每个长句的翻译并非只用到一种翻译方法。

【例 4】

原文：If the contract contains no express terms as to liability, or the express terms are void as exclusion clauses (see part 4.3.1 below), the laws of most jurisdictions will imply a term that the ISP must take reasonable care in the provision of services to its users.

译文：若合同中无明确的条款规定相关责任,或者存在明确条款,但是作为免责条款其是无效的(见下述4.3.1条),在这两种情况下,多数法律会规定相应的默示条款:网络服务提供商需对其服务对象承担相应的注意义务。

【讲解提示】

该句中,介词短语"as to liability"做附加状语,说明了条款所包含的内容。在"if"引导的条件状语从句中,前半句的谓语动词是"contains",但是在翻译时,译者将介词短语"as to"也处理成谓语,翻译成"规定",与前面的谓语形成连动,构成了一个连动句式,从而使得该介词短语与其前面的"terms"形成了主谓关系,又与其后面的"liability"形成动宾关系,这样一来,句子就翻译成了"条款规定相关责任",不仅在表达上更清楚地传递了原文的信息,而且词语之间衔接得更顺畅。

【例 5】

原文：The European Commission's proposal for a Directive on measures and procedures to ensure the enforcement of intellectual property rights requires certain persons to provide, under a court order, information about infringement goods or service with which they are involved.

译文：为确保知识产权的实施，欧盟委员会提议颁布一项关于相关措施及程序的指令。这也要求用户们应按照法庭的指示提供侵权物品的信息或者提供他们所获取的服务信息。

【讲解提示】

"under a court order"在此句中做附加状语成分，对用户的行为起限制作用，即，用户需在法庭的指令下才可以实施其行为。在翻译时，译者对该介词短语进行了合译处理。因为从句子的含义来看，它与前面"persons"的关系是最为紧凑和密切的，所以将此状语成分放在不定式结构"to provide"之前，最直接地限制了"persons"的行为，准确地再现了原文信息。而且这样处理也把零散的结构整合成了一个完整的句子，使得译文更加流畅、自然。

四、法学著作与文献的词汇翻译

法学著作中的法律术语具有法律术语的一般特点。首先是法律意义的单一性，因为法律术语首先是在法律这一专门领域使用的，而且根据法律本身具有的准确与严谨的特征，法律术语的特点也是准确与严谨。法学著作中的法律术语也有这样的特性。其次是法律语言的专业性。如果准确性是法律语言的血液，那么专业性则是法律语言的生命线。术语最突出的特点就是专业性，法律术语也不例外。法学著作中有一部分的词汇是专业法律术语，在这类词的实际运用中，没有人可以改变词义。例如，"obligation"和"regulation"，无论在哪项表述中，都只有"债务"和"规则，规章"的词义。最后，法学著作中的术语还存在一些自身独有的特点，因为法学著作所研究和探讨的对象有着不同的背景、不同的历史环境、不同的文化以及不同的社会制度，而在这些不同的背景和语境中，专业词汇或术语的翻译也有灵活的处理方法。

【例6】

原文：The second risk is that he might be held responsible for the content of the information he has transmitted, either being forced to pay compensation to the person aggrieved by the content, or even committing a criminal offence.

译文：其二，中介商要为其所传播的信息内容负责，给予那些受害人以一定的赔偿，或被判处刑罚。

【讲解提示】

句中分词"being forced"和"committing"做附加状语。首先,在同位语从句中,"he"为主语,谓语动词是"might be held",该谓语与后面的分词短语"being forced"和分词"committing"共用一个主语"he",共同阐述主语的行为。翻译时使用了两个并列动词"给予……""被判处……",形成联动句式,使原文的逻辑关系更加清楚。在这里需要强调一点,动词的并列式分句有一个明显的特征,主句与分句共用一个主语形成联动。

【例 7】

原文:US case law has held in Cubby Inc. v. CompuServe Inc. that an ISP which merely acts as an information carrier, taking no steps to monitor or control the content of the information it conveys to users, is not liable for third party defamatory statements.

译文:在"卡比有限公司诉网络服务公司"一案中,根据美国法律,网络服务提供商仅作为信息载体,在给用户传输信息内容时因未采取措施对其进行监管或控制,所以不需要对另一方所发布的诽谤性言论承担责任。

【例 8】

原文:Admittedly under the UK Obscene Publications Act 1959 it is a defence for the accused to show that he had not examined the article and had no reasonable grounds for suspicion that his possession of it amount to an offence under the Act.

译文:诚然,根据1959年英国《淫秽作品出版法》,被告若能证明其未检验过该物品,法庭就无理由怀疑其对该物品的占有构成犯罪。

【例 9】

原文:But it is unclear to what extent a criminal court might take the view that a deliberate failure to undertake any checking of content removed any defence of lack of reasonable grounds for suspicion.

译文:由于(被告)有意未检验该物品,因此,对于法庭缺少合理的怀疑理由的这一说法是不成立的,但是刑事法庭该从哪种角度来看待此情况尚不清楚。

五、法学著作与文献的句式翻译

就英语和汉语来说,英语强调形式上紧密结合,而汉语强调意义上的紧密结合。因此,英语是形合的语言,通过适当的关联词、从句等语法方式来表达句子成分间的逻辑联系,故而强调逻辑正确、结构严谨。具体表现为英语长句往往以简单句为基础,通过加入修饰语和从句,使句子长度变长,结构复杂化,修饰成分之间又通过其他连接词连接在一起,使得整个句子错综复杂、浑然一体。而汉语是意合的语言,句子成分间很少或不使用关联词、从句等语法手段,而是通过句子之间的内在联系,如语序或四字格,表达句子的顺序和逻辑。具体表现为,汉语句式较为松散,多使用流水句或松散句,按照时间顺序和逻辑语序,将许多小句组合起来。因此,针对法学著作文章晦涩、句式复杂的特点,译者所面临的最大难点是如何将结构复杂的英语长句翻译成短小精悍的汉语短句。

【例 10】

原文:This chapter examines the challenge that cybercrime poses for the public police in order to explore how they are situated in the networks of security that contribute to policing harmful behavior in cyberspace.

译文:本章讨论了网络犯罪对警察所造成的挑战,以探索他们在帮助监管网络空间危害行为的安全网络中所处的位置。

【讲解提示】

此句中的主干为"this chapter examines the challenge",其后的"that cybercrime poses for the public police"为"challenge"的定语从句,"in order to explore how they are situated in the networks of security"为连接词表示的目的,其后的"that contribute to policing harmful behavior in cyberspace"为"networks of security"的定语。因此本句可分为以下几个意群:"this chapter examines the challenge";"cybercrime poses challenge for the public police";"this chapter is in order to explore how they are situated in the networks of security";"networks of security contribute to policing harmful behavior in cyberspace"。

【例 11】

原文:Internet users and user groups exert a very potent influence upon online behavior through censure, usually after the occurrence of "signal events", which are behaviors that may not necessarily constitute a major infraction of criminal law, but "nonetheless disrupt the sense of social order".

译文:发生在"信号事件"之后,网络用户和用户组对线上行为的谴责通常造成巨大影响,而"信号事件"并不一定是构成违反刑法的行为,但"破坏了社会秩序的观念"。

【讲解提示】

此句的主干为"internet users and user groups exert a very potent influence upon online behavior through censure",其后为"after"引导的时间状语从句,"which are behaviors"修饰"signal events","that may not necessarily constitute a major infraction of criminal law, but 'nonetheless disrupt the sense of social order'"为定语从句。而根据中文的句法,时间状语从句往往放在主语之前,因此在厘清本句的逻辑顺序后,"after"引导的时间状语从句应被放在主句之前,而"which"引导的非限定性定语从句因为过长,应单独列为一个短句,这就是对长句结构的重组。

（一）顺序法

顺序法又叫顺译法,是长句翻译中最为简单的方式,即如字面意思所示,将长句划分为不同意群,按照原文的顺序,将长句断开为数个短句,并不改变原文的结构。

【例 12】

原文：Upon reflection, the term cyberspace crime would have been more meaningful because it more clearly signifies the space in which the harmful behavior takes place.

译文：经过反复考虑后,网络空间犯罪一词更符合网络犯罪的意义,因为它清楚表明了危害行为发生的场所。

【讲解提示】

在本句中,原文的主干结构十分简单,包括一个主句、一个原因状语从句和一个定语从句。本句可分为三个意群："the term cyberspace crime would have been more meaningful";"because it more clearly signifies the space";"the space in which the harmful behavior takes place"。根据汉语的表达习惯和逻辑顺序,本句保留了原有的语序,采取了顺序法。

（二）变序法

变序法是指在长句翻译中,对句子语序进行调整的翻译策略。在英语句法中,对结果、条件等进行修饰的定语从句或状语从句可放在被修饰语之前或之后。而汉语中的句法结构是按照逻辑顺序或时间顺序组合的,语序的作用十分重要。因此,当英语表达的顺序不符合汉语的表达习惯和逻辑时,就采用变序法,调整其结构。变序法主要分为前置法和后置法两种。

【例 13】

原文：If internet transformations are the key to understanding cybercrime, then in order to understand their impact, it is necessary to consider what happens if the internet is removed from the equation.

译文：如果网络转化是理解网络犯罪的关键，那么为了了解它们的影响，则必须考虑如将网络移出这一行为，会发生什么。

【讲解提示】

此句由两个表原因的条件状语从句、一个表目的的状语从句和一个宾语从句组成。可分为以下四个意群："if internet transformations are the key to understanding cybercrime"；"then in order to understand their impact"；"it is necessary to consider what happens"；"if the internet is removed from the equation"。在汉语的表达习惯中，往往条件句应放在前面，因此在翻译时，最后一个"if"引导的条件状语从句应当放置在"it is necessary to consider what happens"之前，是对变序法的应用。

（三）切分法

切分法又叫分译法或拆句法。在英语长句中，往往有许多连接词将各自独立的意群联系起来。这时，可按照汉语的表达习惯，根据意群将其拆分为独立的短句，符合汉语短小精悍的句法特点，方便读者理解。

【例14】

原文：It is an illegal behavior in its own right in the laws of the United States, the European Union (EU), and many other jurisdictions, but it also facilitates secondary offending by enabling engagement with potential victims.

译文：在美国、欧盟和许多其他司法辖区的法律中，其本身即为违法行为。但是，通过促使潜在受害人参与，它同时也促进了间接犯罪。

【讲解提示】

本句的结构较为复杂，其主干部分为"it is"引导的主系表结构，而主干部分即包括了三个并列的修饰成分，故而，为了符合汉语的表达习惯，将"but"连接的并列结构单独译为一个短句，使句子更为简练明确。这是切分法的适用。

（四）转换法

转换法是指在翻译的过程中，为符合汉语的表达特点，一方面可以将个别词性进行转换，如将动词转换为名词，或将名词转换为动词。另一方面也可以对句子成分进行转换，如将动词、定语或宾语转换为主语，或将主语转换为谓语、状语等。

【例 15】

原文：The root of the "disciplinary" potential of networked technology lies in the routine collection and retention of internet traffic data that records and traces virtually every internet transaction and which can subsequently be data mined.

译文：网络技术可能受到约束，根源在于日常收集和保留的网络流量数据，而这些数据几乎记录和追踪了每天的网络交易，为随后的数据采集提供了基础。

【讲解提示】

在这一长句中，名词多动词少，而汉语是偏向于多动词少名词的。通过句意的分析，"collection"和"retention"这两个名词被转换为动词"收集"和"保留"。同时，此句也应用了句子成分的转换，英语多被动语态，汉语多主动语态，为符合汉语的表达形式，"be data mined"这一被动语态被转换为主动语态。

六、法学著作与文献的篇章翻译

法学学术著作总体属于规范严密的文体风格，其用词正式，句式严谨，结构完整，逻辑性强。在翻译过程中应尽量保证译文通俗易懂，流畅地道，使之能被普通读者接受。同时为满足法学专业读者的需求，还应力求在忠实原文的基础上，保证原文的写作风格，翻译过程中的遣词造句注重逻辑性和专业性。因此，在"归化"策略的指导下，要针对不同语境，具体问题具体分析。当原文的行文顺序符合中文表达习惯时，就进行直译，基本按字面意思翻译过来；当原文的表达方式不符合汉语的表达习惯时，就进行意译，跳出原文的表达方式，按中文的行文特点表达出来。

【例 16】

原文：Most obviously, a registered trade mark system requires the existence of a bureaucracy to process applications for registration.

译文：很明显，注册商标制度需要官方机构处理申请注册之事宜。

【讲解提示】

在这类句子中，原文英文的表达方式无异于译入语汉语的表达习惯，因此采用直译的方法既可以保留原文的形式和意思，又符合译入语读者的理解习惯。

【例 17】

原文：The voluntaries of registration would inevitably limit the ability of the register to provide an accurate reflection of what is occurring in the marketplace, but the position is made much worse by the fact that few countries require registration even as a precondition for trade mark protection.

译文：登记自愿必然限制登记处准确反映市场行情的能力，但鲜有国家将商标注册作为其保护的先决条件，这无疑使登记处的现状雪上加霜。

【讲解提示】

这句中"what is occurring in the marketplace"若直译为"市场上发生什么"就会显得表达不够地道，而中文中"市场行情"则更符合原文想要表达的意思，与原文表达对等。"much worse"意为"情况更加糟糕"，译文使用"雪上加霜"四字成语，会使表达更为形象，为目标语读者所理解。再者，英文表达中多被动语态，在翻译时应注意转换为汉语表述的主动语态。由此可以看出，意译使得译文行文更加流畅，符合目标语读者接收习惯。

此外，英汉法律著作文本严谨的特点还体现在篇章对应规范。篇章对应规范具体是指论述体例对应，即英文法学译著的文章组织形式应当体现原著的体例安排，做到首尾呼应，论证结构相同。

下面依然通过例证的方式来进一步说明篇章对应规范的具体应用和要求。例子为 Ancient Law，即英国亨利·詹姆士·萨姆纳·梅因（Henry James Sumner Maine）的《古代法》。本书原文论述结构依次为：

【例 18】

原文：Preface, Introduction, Chapter Ⅰ: Ancient Law, Chapter Ⅱ: Legal Fiction, Chapter Ⅲ: Law of Nature and Equity, Chapter Ⅳ: The Modern History of the Law of Nature, Chapter Ⅴ: Primitive Society and Ancient Law, Chapter Ⅵ: The Early History of Testamentary Succession, Chapter Ⅶ: Ancient and Modern Ideas Respecting Wills and Successions, Chapter Ⅷ: The Early History of Property, Chapter Ⅸ: The Early History of Contract, Chapter Ⅹ: The Early History of Delict and Crime, Appendix Notes.

译文：序，导言，第一章：古代法，第二章：法律拟制，第三章：自然法与衡平，第四章：自然法的现代史，第五章：原始社会与古代法，第六章：遗嘱继承的早期历史，第七章：古今有关遗嘱和继承的各种思想，第八章：财产的早期历史，第九章：契约的早期历史，第十章：侵权和犯罪的早期历史，附录。

【讲解提示】

序的作用是作者提纲挈领地介绍写作目的，根据英文法学著作翻译的功能和句法结构规范，自然在我们的译文中也应当体现出梅因在原著中所要表达的写作目的；导言并非由梅因自己所写，它是编者对于《古代法》各章内容的简要介绍,相当于一个导读部分,关于这一部分的翻译,要特别注意叙述人称的选择,这里编者所采用的是第三人称;各章内容是《古代法》的核心组成部分;附录是作者关于各章所添加的一些研究补充资料。分析上述有关梅因《古代法》的论述体例,篇章间体现出一种逻辑上的总分关系,前五章宏观地介绍了古代法历史等主要内容,后五章则是在前五章的基础上论述具体法律制度的内容,文章组织形式由总到分,从重要性的程度而言,前五章是《古代法》的重要内容,后五章则是《古代法》的次要内容。这样一种论述结构,根据篇章对应规范的要求,汉语译文也应当遵循这种结构安排,这是一项英文法学著作翻译的基本要求,只是这里我们将其作为一种规范明确的翻译标准。

七、课后翻译练习

1. 将下列段落翻译成汉语

(1) A list of the files on the user's own computer was made available to other users, along with facilities for them to download those files.

(2) Napster was ordered to take reasonable steps to prevent distribution of works in respect of which it had been notified of copyright ownership, and this effectively prevented Napster continuing its operations.

(3) Where the basis of liability is possession, an intermediary will only run the risk of liability for third party content if it hosts or cashes that content on its server, and the act of possession will be committed in the jurisdiction where the server is physically located.

(4) As on the Continent, so in England the guild records abounding oaths and ordinances that were calculated to prevent not only the enticing away of each others apprentices but all other forms of or tendencies towards intraguild competition.

(5) If earlier performance is accepted, it may entail additional expenses for the obligee. In all cases, such expenses are to be borne by the other party. If earlier performance amounts to non-performance (the normal case), those expenses will be part of the damages, without prejudice to any other remedy available. If earlier performance does not amount to non-performance(the obligee has been shown not to have any legitimate interest in rejecting the offer of earlier performance, or has found that offer to be acceptable without reserva-

tion), the obligor will only be entitled to those expenses.

2. 将下列段落译成英语

(1) 他们给一方或多方提供服务，这些服务包括基本的通信服务，如接受资料、信息储存等。

(2) 在此有必要进行讨论，因为网络作为一种通信方式，服务是其进行合理运作的基础。也正因如此，立法机关和司法机关才会对其加以关注。

(3) 有一些基本原则在《通则》中已经有明确的规定。其他的原则必须从具体条文中提炼出来，也即对具体规定包含的特殊规则只有经过分析，才能确认它们是否表达一种更加普遍的原则，是否也能适用于那些与所规定情况不同的其他情形。

(4) 因申索人的申索超过附表所诉的金额，以致该申索超出仲裁处的司法管辖权范围，则申索人可以放弃追讨超额的款项，而在此情况下，仲裁处有查询、聆讯及裁决该宗申索的司法管辖权。

(5) 总的来说，通常所认为的故意侵权和过失侵权并无区别。法院并不考虑不同类型精神病的影响，被告对特定行为的理解能力以及其作出合理判断的能力。法院也不考虑其能力程度的影响，尽管有时认为精神病人因为不具备恶意这一要件而对某些侵权行为不应负法律责任。

【参考译文】

1. 将下列段落翻译成汉语

(1) 其他人可以下载该用户计算机中的文件，一些程序也会帮助他们进行下载。

(2) (该唱片公司)要求纳普斯特采取合理的措施停止发行一些作品，因为这些作品称纳普斯特为版权所有人，这有效地制止了纳普斯特采取进一步行动。

(3) 若因侵犯所有权产生了责任问题，当中介商通过其服务器控制或存储了另一方的作品内容，并且在该服务器的物理地址范围内发生了侵权行为之后，中介商就会面临责任风险。

(4) 在欧洲大陆上，像在英国，行会记录了大量的宣誓和条令，其目的是不仅要阻止引诱彼此的学徒，也要阻止其他形式的行会内部竞争或竞争的趋势。

(5) 债权人若接受提前履行，可能会产生额外费用。在任何情况下，这些额外费用都应当由另一方(债务人)承担。如果提前履行构成不履行(如通常情况)，则这些额外费用将构成损害赔偿的一部分，并且不影响债务人采用任何其他救济手段的权利。如果提前履行不构成不履行，即如果证据表明债务人没有任何合法权益拒绝接受提前履行的提示,或者债务人认为可以无保留地接受提前履行提示,那么债务人只能请求这些额外费用。

2. 将下列段落翻译成英语

(1) They may provide services to one or more of the parties, including fundamental communications services such as access, information storage, etc.

(2) There are worthy of mention here because they are fundamental to the proper operation of the internet as a communications mechanism, and for this reason have attracted legislative or judicial attention.

(3) Some of these fundamental principles are expressly stated in the Principle. Others have to be extracted from specific provisions, the particular rules contained therein must be analyzed in order to see whether they can be considered an expression of a more general principle, and as such capable of being applied also to cases different from those specifically regulated.

(4) Where a claimant has a claim which exceeds the monetary amount mentioned in the Schedule and which, but for the excess, would be within the jurisdiction of the Board, the claimant may abandon the excess, and thereupon the Board shall have jurisdiction to inquire into, hear and determine the claim.

(5) As a rule, no distinction is made between those torts which would ordinarily be classified as intentional and those which would ordinarily be classified as negligent, nor do the courts discuss the effect of different kinds of insanity or of varying degrees of capacity as bearing upon the ability of the defendant to understand that particular act in question or to make a reasoned decision with respect to it, although it is sometimes said that an insane person is not liable for torts requiring malice of which he is incapable.

第五单元
其他类文本

第十二章 广告翻译

一、广告翻译概述

广告是行动语言的一种体现,是现代社会广泛使用的传播媒介。随着各个国家之间商品广告传播的增多,广告成为国际商品市场交流的一个重要组成部分,人们也开始逐渐重视广告翻译工作。企业能否在市场上立足,广告翻译占了决定性因素,因此翻译广告用语时不仅要准确且达意,也要具有吸引观众的效果。当今世界商业广告丰富多彩,其对应的翻译也五花八门,显得有些混乱,似乎无章可循,如:译文不达意、译得过死、过度翻译、文化内涵不对等、忽略词语褒贬色彩,等等。本章将在分析广告翻译语言特点的基础上,探讨广告翻译的基本原则,进而配合具体例句解决广告翻译中词汇、句法、篇章翻译的难点与要点。

二、广告的语言特点

(一) 词汇特点

首先,无论是英语还是汉语的广告,其措辞大多简洁精练,客观通俗,少用或不用深奥的词语,而用最简洁、最准确的文字为商品提供丰富多彩的信息,逻辑清楚,使消费者一目了然,易于记忆。如若广告中的词汇过于晦涩且鲜见,就会被绝大多数顾客忽视和排斥,便达不到宣传销售产品的目的。例如高露洁牙膏的广告语"Good teeth, good health"翻译为"牙齿好,身体就好";三星电子的广告语"Challenge the Limits"可翻译为"挑战极限"。这些广告的语言表达方式直截了当,且信息明确。

其次,广告在传递信息的同时,更要具有说服、吸引观众消费的能力。广告英语的翻译应当在遵循功能对等的原则下,使译文与原文表现出大致相同的广告效果、信息传递及移情感召的功能。译文的内容应当符合目的语的接受要求,在符合该文化语境中大众表达习惯的同时，还要兼顾审美心理。因此在广告翻译时，译者可以发挥自己的创造力，灵活斟酌词汇的翻译，译出富有创意的词语，以此来吸引消费者，实现劝购的目的。同时，要注意译文的简洁性，使读者一目了然，从而更容易了解和记住产品。例如福特的广告"Your world will be boundless forever"译为"你的世界从此无界"，其翻译不仅达意而且令顾客对产品心动；又如某电视理财栏目广告词"你不理财，财不理你"，其译文为"Leave managing money alone, and money manages to leave you alone"，语言不仅简练，而且具有形式美，勾起读者的购买欲望，从而实现广告的价值。

最后，广告中还多出现商标类名词，此类广告的目的是期望受众或顾客对产品更加印象深刻，因此翻译时也应将商标名翻译出来，例如"Fresh-up with Seven-up"译为"提神醒脑，喝七喜"；"KODAK with you"译为"请随身携带柯达"；"Take TOSHIBA, take the world"译为"选择东芝，拥有世界"；"Catch Pepsi spirit, drink it in"译为"君饮百事可乐，精神爽朗快乐"。这些广告用简单的短语来表明自身产品的优质性能，其中融合了商标名称，从而成功地达到促进记忆的效果。

（二）句法特点

1. 偏爱简单句，醒目突出

简单句是指只包含一个主谓结构的句子；复合句则指包含一个主语从句和一个或几个从句的句子，从句由从属连词引导。广告面对的是传媒大众，是通过各种媒体与消费者发生联系，而不是产品本身。因此为了使广告词便于阅读、理解和记忆，并且达到节省空间和成本的目的，广告商通常会倾向于使用简单的句子，吸引消费者购买。这些句子虽然短小，但却精悍，皆能传递出其主要信息和思想。句式力求简洁精练的广告词，能在瞬间捕捉消费者的注意力，同时信息处理得较快，也容易引起他们浓厚的兴趣。例如"Apple thinks different"，译为"苹果电脑，不同凡'想'"；"Impossible is nothing"，译为"（阿迪达斯）一切皆有可能！"；"The choice of a new generation"，译为"（百事可乐）新一代的选择"。

2. 多用祈使句，增强感召力

祈使句以请求或希望的语气去要求他人做什么或不做什么，有"期望与你商量"的含义。广告的目的在于发挥其引导功能，而祈使句则可以很好地达到这一目的。广告语中用祈使句起到的诱导作用与广告的目的相吻合，例如"咳嗽，请选用急支糖浆"译为"Cough, choose Jizhi syrup"。此外，广告最重要的目的在于说服消费者立刻采取行动购买产品，这也是广告用语的句式多为祈使句的原因。

例如"Just do it!"(耐克),译为"只管去做!",这些动词皆可对读者产生强烈的说服力和无法抗拒的吸引力。

3. 常用句子片段,短小有力

广告的特点就是在有限的时间、空间和成本范围内,达到最佳的宣传效果,因此大量运用句子片段是实现最简经济原则的有力手段,例如麦斯威尔咖啡的广告词"Good to the last drop",其译文为"滴滴香浓,意犹未尽";轩尼诗酒的广告"To me, the past is black and white, but the future is always color"[①],译为"对我而言,过去平淡无奇;而未来,却是绚烂缤纷";冰淇淋广告"Take time to indulge ice cream"的译文为"尽情享受吧!"。

凡此种种,不胜枚举。从上面的例子我们可以轻易地看出,越是简单明了的广告往往越有效,尤其是原广告都是从字面上翻译而产生同样的功能,同样吸引目标消费者的兴趣。广告翻译应言简意赅、易于理解,力求用简短的篇幅传达丰富的信息。话语冗长、晦涩难懂是广告翻译的大忌。纵观出彩的广告翻译,高度凝练的语言是让人眼前一亮、称赞有加的关键,可见短小的广告词更有爆发力和感染力。

4. 使用分离句是广告英语中独有的现象

分离句利用句号、破折号、分号、连字号等将句子切割成更短的结构,这实际上是把句子分割成更多的信息结构单位,增大信息量,同时又省略了空间和费用。被分割出来的部分是所宣传商品的特征,这种突出作用可以大大加强广告的宣传效果。例如"Whenever you are. Whenever you do. The Allianz Group is always on your side"的译文是"安联集团,永远站在你身边";又如某酒类厂家的广告词"Sensuously smooth. Mysteriously mellow. Gloriously golden"译为"诱人美妙的温和,神秘的醇香"。

三、广告翻译的基本原则

(一) 忠实原则

广告翻译要求译者具备极强的创造性,但不管译者的创作冲动多么强烈,都无法享有原作者享有的原创自由。除了要达到与原文一样的商业目的外,广告翻译的忠实性主要在于广告产品的信息传播方面。广告以商品、劳务、创意为内

---

① 邱培喜.浅谈英汉广告语的比较及翻译[J].科技信息,2009,22:490.

容。所广告的如果是商品,要阐明品牌、性能、特征、便利等;如果是服务业,要阐明其所能提供的劳务;如果是特定的观念——提高公司信誉、形象、公共服务等,则要诠释观念的文化价值。原文读者和译文读者面对同一商品介绍,应当得到相同的信息,因此广告中有关产品信息的介绍,无论在何种情况下,其翻译都需要完全忠实于原文,以确保产品信息的准确传递。如果不忠实,尤其是增添原本没有的虚假信息,便会使译语广告有商业欺骗之嫌,从而可能引发法律诉讼。

【例1】

原文: "Aviation" Artificial Leather Suitcase selected materials, fine workmanship, modern designs, reasonable price, various specifications. Your order is welcome.

译文: "航空牌"人造皮革箱用料上乘,做工精细,款式新颖,价格合理,规格齐全,欢迎选购。

【讲解提示】

针对该广告语,译者在遵循忠实原文意思和不影响目的语读者理解的基础上,按照体裁的对等性进行翻译,不仅准确地表达了原文含义,而且将原文广告的特点也一并呈现出来,能够很好地达到吸引读者注意力的效果。

【例2】

原文: What it's like to be small but good.

译文: 麻雀虽小,五脏俱全。

改译: 客栈虽小,超值享受!

【讲解提示】

原译文中,译者从原文的意义出发,寻觅到了一个新的形象,创造了原句所无的美。然而,细细品之,原译文虽然借用了钱锺书先生《围城》中的典故,却无法突出广告的主体——客栈。同时,以"麻雀虽小,五脏俱全"来描述一家旅馆会让人加深"客房过小"的想法。而且,这一广告暗含本旅店的服务设施一应俱全之意。但若不全,则可能招来广告虚假之嫌,因此,改译后不仅能够突出广告的主体,也能够在创新的基础上吸引消费者的注意。"超值享受",既能够在消费者中产生强烈的感官效果和消费欲望,又能在法理上进退自如。

【例3】

原文: Focus on life.

译文: 瞄准生活。

改译: 聚焦人生。

第十二章 广告翻译

【讲解提示】

这是著名的奥林巴斯公司的商务广告语,该公司是一家精于光学与成像技术的公司,产品包括照相机、录音机以及其他医疗设备。该公司以奥林匹斯山命名,其寓意不言而喻。奥林匹斯山是希腊神话中众神居住的地点,以此命名能够体现奥林巴斯公司珍爱人与人的关系、服务社会、突出产品、强调质量的理念。原译文选词用力过度,但不能使读者联想到该公司的产品和经营理念。改译后"聚焦"一词能够形象地、直观地与该公司经营的产品联系起来,"人生"一词无论从时间维度上还是意境上考量都要优于"生活",整体效果更佳。

【例 4】

原文:Come to where the flavor is. Marlboro Country.

译文:光临风韵之境——万宝路世界。

改译:追寻风味所在——万宝路境界。

【讲解提示】

万宝路是世界上最畅销的香烟品牌之一。从原译文表面看,辞藻华丽。然而,从准确性看,此译文并没有传达出原广告的意思。"come"一词译为"光临"本无可厚非,却缺少了潜在消费者为万宝路产品着迷、苦苦寻找的感觉;"风韵"一般多形容女子的姿态神情,或形容诗文的风格和韵味,在这里将"flavor"一词译为"风韵",无论是在表达的准确性上,还是在凸显产品的角度上,都不免有些欠缺。改译后的句子,从准确性和凸显产品的角度看,"追寻风味所在"也比"光临风韵之境"更胜一筹,后半句的"万宝路境界"也比"万宝路世界"更加能突出产品所具有的高端价值,更能引人入胜。

【例 5】

原文:Congratulations! Olympus youth series has reached 20 million cameras sold. Within the promotion period, get a special free gift with every purchase of a selected Olympus camera or digital recorder. Distributed by the Hongkong sole agent. Don't miss it!

译文:热烈庆贺奥林巴斯青春系列照相机产品销量突破 2000 万!促销期间,每购买一台精选的奥林巴斯相机或数字录音机,即可获得由香港独家代理商提供的特别免费礼品一份。千万别错过噢!

【讲解提示】

这则英语广告映入眼帘的是一个引人瞩目的独词感叹句,紧接着是一个说明产品销售量何等巨大的陈述句,然后是一个表明诱人的促销手段、催人采取购买行动的祈使句,最后又是一个叮嘱潜在的消费者勿失良机的祈使句。该译文语篇言简意赅,劝说功能强,口语气息浓。译文忠于原文,完整再现了原文的信息内容和风格特征,充分传达了原文的功能。

(二) 以目的语语言为取向

广告翻译应以目的语言为取向,这是因为不同语言的广告在词、句层次上的语言特点各不相同。例如英语广告在用词上倾向于口语化、大众化和造新词,而汉语广告则倾向于多使用四字词组;在句法上英语广告多使用简单句、省略句、祈使句和分离句,而汉语广告中的句子则相对较长和较复杂。为了吸引目标消费者,译者选择的语言风格必须符合目标语言的使用习惯或是能被目标消费者欣然接受。

【例 6】

原文:接天下客,送万里情。

译文:Your satisfaction is our final destination.

【讲解提示】

这是天津一出租车公司的广告标语,原广告使用了两则成语推销出租车服务,中国广告语更喜欢用丰富的修饰语或重复一些类似的话语强调和突出广告产品的性质,此外成语也经常出现在中国的广告中,如"物美价廉""经久耐用""价格公道""工艺精湛"等,但这种词很少甚至不会在英语广告中出现,英语广告往往是真实的、客观的、简单的,没有太多华丽的辞藻,只是围绕中心的一个动词采用严格的句法结构。四字成语能引起中国消费者的注意,说服他们选择该服务,但若逐字翻译成相同的英文短语,受众将会因为不熟悉语言形式,感到困惑而达不到促销作用。因此译者应根据英语的表达习惯来强调消费者的重要地位,并在实际信息中以动词为中心改成一个简单结构的句子。

【例 7】

原文:洗去你头发上的灰尘。

译文:Wash the city right out of your hair.

【讲解提示】

在这则广告翻译中,译者按照西方表达习惯,用"the city"代替了"the dirty",其实际含义是"the dirt of the big city"。

【例 8】

原文:世界首例,中国一绝,天然椰子汁。

译文:The pioneer of the world. The most delicious in China. Natural Coconut Juice.

改译：Natural Coco Juice: a world special. You enjoy beyond all your words.

【讲解提示】

这是一则天然椰子汁的广告，显然译文并不是对原文的照搬，而是做了一些变化。由于文化的差异，汉语广告更为重视对国家乃至世界的尊重并以大局为重；而英语广告强调客户是上帝，从而重视客户的经验和对产品的熟悉来突出广告的实用性。广告属于劝说消费者作出购买决策的一种特殊的沟通方式，换句话说，劝说消费者购买广告所宣传的产品，然而由于文化背景的差异，当消费者面对不同语言的广告时，只接受类似于自己本国文化的语言，因此译者必须更好地运用创造性的改编，使广告翻译符合目的语。原译文强调该产品是世界上独一无二的；而改译后的版本根据目标文化强调了客户的感受，把顾客放在很高的地位，符合目的语语言风格，使消费者更容易接受。

【例 9】

原文：迟到总比丧命好。（安全行车公益广告）

译文：Better late than the late. （Public welfare ad for safe driving）

【讲解提示】

这是一则安全行车的公益广告。很明显，它来自英语谚语"Better late than never"。除了引用英语谚语的结构，译者还利用了"late"一词的双重意义。在英语中，"late"意为"晚的，迟到的"；"the late"意为"死去了的"，就像"the late premier"一词中的意思一样。当看到这一熟悉的结构和语言，西方人将会很容易理解这则广告，并且自觉自愿地谨慎、安全地开车。

（三）以目的语文化为取向

东西方国家之间存在的文化差异，影响着中国和西方国家之间的交流和理解，也影响着广告的翻译。文化是人类生活的总的方式，它是一个特定社会里几乎每个成员所共享的系统，包括道德、价值观、信仰、知识、规范、风俗以及科技。文化的各个方面都会影响广告翻译，因此广告翻译也应以目的文化为取向。

【例 10】

原文：Tasting is believing.

译文：百闻不如一尝。

【讲解提示】

这则汉语广告模仿了中国谚语"百闻不如一见"。考虑到东西方国家的文化差异，译者在翻译时没有按照惯例将这则广告翻译成长句，而是模仿了英语谚语

"Seeing is believing"。仅仅更换了这则英语谚语的一个词,翻译便产生了意想不到的效果,不仅尊重了两种不同的文化,而且保持了原文的原汁原味。

【例 11】

原文:Cigarettes by John Player, England.

译文:黑约翰香烟,精工细作,口味独特,非同一般。[①]

【讲解提示】

在英语广告中常出现"by"连接词来表明某一产品的特点,如"Watercolor by Jim Blackmore""Oil on Canvas by Ian Hamilton"。广告商用这种结构来表明其产品具有独特且非凡的品质,表明购买它的顾客"识货"。但若生硬地译为"某某的××",则会让中国顾客不明所以,不知其意。本例中我们若将此广告机械翻译为"英国黑约翰的香烟",在中国市场上其宣传效果便会大打折扣。因此,这时我们就要以目的语和文化为取向来翻译,考虑到中文广告用语中常使用四字词语或成语,这样一来以中文为母语的顾客便会对此广告记忆深刻。

【例 12】

原文:白象牌大无畏电池

译文:High-storage Battery—White Elephant

改译:High-storage Battery—BEST SHINE

【讲解提示】

在中国古代,白象源于佛学语言,象征着至高的力量和智慧,也有长寿之意。象驮宝瓶,有太平景象的意思。但是在国外,"White Elephant"的字面含义是花了心力,耗费了金钱,但又没有多少价值;在英国,它代表昂贵并且无用的东西。这样的产品外国人是不会花钱购买的。因此翻译时可以考虑"BESHINE""BEST SHINE",字面取白色的、晴朗的阳光的意思。

(四) 创造性原则

创造性翻译原则,顾名思义即在翻译广告作品时,要突出体现创造性,而不仅仅拘泥于"忠实性"。广告作品不同于文学作品或科技文章,未必一定要忠实于原文,风格也未必须与原文保持一致,超额与失真都是可以接受的,只要广告译文达到了实际的传播效果。在复杂的商品社会中,用纯学术观点去评判广告译文的成败是不可取的。而成功与否的标准只有一个,就是能否通过广告将商品、产品、服务推销出去,创造价值。因此,广告的翻译可以在原文的基础上,

---

[①] 潘红. 从背景期望看广告翻译[J]. 上海科技翻译,1998,1:26—28.

在所提供的资讯框架内进行创作,必要时也可以离开这些框架,进行重新创作。

【例 13】

原文:Spoil yourself and not your figure.[①]

译文:冰淇淋的确很美味,但吃多了会影响你的身材。

改译:尽情享受,体型不变。

【讲解提示】

这是一种冰淇淋的广告词,其特殊性在于,它专门是为节食者而研发的,此产品广告词使用了一语双关的修辞方式,使广告更具有吸引力。改译后的句子一方面有新意且足够容易理解从而吸引受众,另一方面明确体现出了给受众的相关信息,可以努力说服受众接受此产品,并让他们采取相应的行动。

【例 14】

原文:拉拉会长,除尘力强。

译文:Easier dusting by a stre-e-etch!

【讲解提示】

在这则广告翻译中,"stre-e-etch"代替了"stretch"。通过创造别出心裁的拼写方法,它不仅在语意上符合原文"拉拉会长",而且产生了视觉上直观的伸长之意。

【例 15】

原文:Connecting People. (Nokia)

译文:科技以人为本。(诺基亚)

【例 16】

原文:Taking you forward. (Ericsson)

译文:以爱立信,以信致远。(爱立信)

【讲解提示】

诺基亚和爱立信广告的原文都十分简洁,但又意味深长。如果用一般的翻译原则,则无外乎会译成"将人们连接在一起"以及"带你向前"。将两则译文回翻成原文也几乎找不到原广告的影子。虽然两则改译文与原文几乎没有共同点,但却体现了两个品牌的灵魂:只有以人为本的科技才能更好地将人们连接在一起;只有以真爱、大爱来对待顾客,才能树立起自己的信誉赢得顾客的信任,只有建立了互信,才能更好地发展企业,才能使企业站得高望得远,给顾客带来更

[①] 庞树梅. 英语双关语在英语广告中的应用及翻译策略[J]. 现代语言学,2023,11(10):4724—4731.

丰富的体验。这不也体现了英文短语"taking you forward"的寓意吗？译文的出众之处还在于一语双关地包含了"爱立信"的品牌名称，人们在读到这一广告词时，也会加深对品牌的认识，对它产生更深的印象。如果不采用创造性翻译，则很难产生如此令人印象深刻的译文。

四、广告的词汇翻译

（一）四字成语/词语

【例 17】
原文：It's the real thing.
译文：只有可口可乐才是可口可乐。

【例 18】
原文：Advancement through technology. (Audi)
译文：突破科技，启迪未来。（奥迪）

【例 19】
原文：Good to the last drop. (Maxwell House)
译文：滴滴香浓，意犹未尽。（麦斯威尔咖啡）

【讲解提示】
为了打开中国市场，以及希望在中国市场中提高对品牌的认知度和喜爱度，国际性公司会在广告翻译中投入大量精力。他们在翻译时会考虑译入语读者在词汇方面的阅读习惯。从以上三个例子可以看出，将英语广告语翻译为中文时，多倾向于选择四字词语或成语。这也是中文的用语习惯所造成的。中文四字成语和四字词语，不仅可以言简意赅地表达其内容，而且在朗朗上口的同时还具有易于记忆和辨认的功能。

【例 20】
原文：(燕窝)滋补养颜，常服能葆青春。
译文：Regular consumption of Bird's Nest keeps one's skin and face youthful.
改译：Regular taking of Bird's Nest keeps you looking youthful.

【例 21】
原文：本产品可即购即食。
译文：Opening and eating immediately.

改译：Our product is ready to serve.

【讲解提示】

同样，中国商家为了打开国外市场，也会在广告翻译中斟词酌句。以上两个例句的词汇翻译一开始都不够地道且准确。对于例句20，首先在英语为母语的国家中，"consumption"不如"taking"口语化和易懂；其次将"能葆青春"过于字面地译为"keep one's skin and face youthful"，显得生硬、不通顺。对于译入语读者来说，改译后的句子显得更通俗易懂。例句21是食品锅巴的一则广告宣传词，但其翻译会使读者以为如果打开后不立即食用将会很快变质，这就会使顾客怀疑此产品的有效保质期和质量。因此在翻译"即购即食"时，应译为"ready to serve"。由此可见，我们在翻译广告用语时，必须考虑中英广告词的词汇特征，灵活且准确地翻译。

（二）重复化词语

【例22】

原文：优良的质量，优惠的价格，优质的服务。（三优牌家具）

译文：Unrivalled quality

Unbeatable prices

Unreserved service.

【讲解提示】

原文中的广告词从品牌名"三优"出发，重复使用了三个以"优"开头的形容词，不仅表现出产品的特色，更富有创意；译文也保留了原文广告词"重复"这一特点，将三个形容词均译为"U"打头的形容词，形式上与之对应，意思上也明确达意。

【例23】

原文：The pot has

The color of milk

The hardness of stone

The price of a small car

译文：这陶罐具有

牛奶的颜色

石头的坚硬

轿车的价格

【例 24】

原文:Hot as Passion
Dark as Devil
Pure as Virgin
Sweet as Angel
A Cup of Bali
Kirrin's Coffee

译文:如激情一般灼热
如魔鬼一般黝黑
如处女一般纯洁
如天使一般甜蜜
一杯巴利咖啡
可林咖啡,回味无穷

【讲解提示】

上述两则广告的翻译,在遵循商务广告的目的和译文的准确性的前提下,将原文中重复的部分也创造性地体现在译文中,这种翻译方式一来可以准确地呈现出原文广告所具有的特点,并在体裁上与原广告产生互文指涉,二来用词和句式简约明了,既能引人注目,使人记忆深刻,又能避免产生冗余感。

五、广告的句式翻译

(一) 直译

在广告翻译中,直译通常适用于原始广告传达的信息与广告的真实信息一致,并且产品没有任何修辞手法或文化背景的时候,其表面意义和深层意义可以通过直译充分表达和说明。

【例 25】

原文:Drive carefully, the life you save may be your own.

译文:安全驾驶——救人即救己。

【讲解提示】

这则广告字面上是提醒大家小心驾驶,因为在全世界人们对生命意义的认知都是相同的,只需直译,世界各地的读者均可接受。

【例26】
原文：Feel the new space. (Samsung)
译文：感受新境界。(三星电子)

【例27】
原文：Let's make things better. (Philips)
译文：让我们做得更好。(飞利浦)

【例28】
原文：Challenge the limit. (Samsung)
译文：挑战极限。(三星电子)

【例29】
原文：Anything is possible. (Li-Ning)
译文：一切皆有可能。(李宁)

【讲解提示】
以上都是经典的广告语，翻译也均是直译。因为示例中的原广告均由简单押韵的句式构成，其含义也已清楚地显示了广告产品的性能，译者可以在字面上保持原意的同时，实现原文与目标内容的语境效果对等。读者也能轻松地获得广告的表面含义和深远含义。

(二) 意译

与直译不同的是，意译是一种经过特殊处理的语际翻译，其所表达的内容与原文一致，但形式可以改变，译者可以发挥一定的创造性。这种翻译相对更加自由灵活，主要以目标文化和目标读者理解为主，因此尽管对原文的忠诚度降低了，但可让目标受众更容易理解广告，以此实现广告本身的效果。

【例30】
原文：汲取生物精华，焕发生命潜能。
译文：Essence of living begins energy for life.

【讲解提示】
这是一则在原文中使用了两个并列祈使句的口服液广告，译文运用了两个相同字母"e"开头的单词，暗示生物精华和生物潜能的关系，来突出这种液体的巨大优势，可以吸引受众购买。通过原文和译文的比较，可以发现，译文虽然语言形式不同，但却明确表达了原文含义，且给消费者留下了深刻的印象，这就达到了广告的功能。

【例 31】

原文：Women can indeed go bald.

译文：女子的确可能秃头。

改译：谁说女子不秃头？

【讲解提示】

这是一个护发中心的广告，原译属于逐字翻译，但根本不像一则广告，而且中国的消费者很难理解其中的真正意义，改译后的版本利用反问来代替原文"真的"一词，灵活加强了语气，且与目标读者的口味相符，他们更容易接受和选择此服务。

【例 32】

原文：Every time a good time.（McDonald's）

译文：秒秒钟欢聚欢笑。（麦当劳）

【讲解提示】

选择使用意译将人们在麦当劳"欢聚"的状态更加形象地表现出来，让读者在看广告的时候产生画面感，想象如果自己也身在其中该是如何美好的景象，从而产生消费欲望。

【例 33】

原文：蚊子杀杀杀。[雷达（Raid）]

译文：Mosquito Kill Kill Kill.

改译：Mosquito Bye Bye Bye.

【讲解提示】

原译采用直译法，改译的版本采用了意译法。改译的句子考虑了文化差异，翻译效果显然优于原译。一方面，"Bye Bye Bye"在发音上比"Kill Kill Kill"更优美、更悦耳。此外，"Bye Bye Bye"为常用英语口语，它使这则广告更亲切、更生动。当英语消费者读到"Bye Bye Bye"时，会不由自主地想到轻轻松松一挥手便可告别蚊虫，而"Kill Kill Kill"却使人联想到要浴血奋战才能消灭蚊虫。灵活使用意译可抓住消费者的心理，使广告更容易被理解和接受。

（三）创译

创译是指基本脱离了翻译范畴而重新创造的过程，是一种再创型翻译。创造性翻译往往保留广告的"灵魂"，使译文与原文形式对等但内容完全不同或几乎不同，同时富有创意。这种译法较为自由、灵活，译文比较地道，可读性较强。

【例 34】
原文：Kids can't wait. (Apple/Macintosh)
译文：不试不知道，苹果真奇妙。（苹果电脑）
【讲解提示】
原文与译文均押尾韵，而且对仗、简练，朗朗上口，易读易记。
【例 35】
原文：A great way to fly. (Singapore Airlines)
译文：飞越万里，超越一切。（新加坡航空）
【例 36】
原文：We can't forge ahead by sticking to existing roads. (Audi)
译文：开拓进取，勇于创新。（奥迪）
【讲解提示】
以上两个例子中译文采用工整对偶的四字词语，节奏明快，朗朗上口，展现了产品的巨大魅力。
【例 37】
原文：A Mars a day keeps you work, rest and play.
译文：火星巧克力，生活原动力。
【例 38】
原文：Our shoe polish is surely of the first rate; it shines your shoes and you look great.
译文：一流产品，足下增光。（鞋油）
【讲解提示】
在这两个例子中，译者根据原文所暗含的语意，创造性地对原文中一些关键词的词义再挖掘、扩充或者引申，力求表达出其隐含的意思，将冗余的词句删去不译，文本更加精练，意思明确清晰。

六、广告的篇章翻译

汉语和英语在广告语言的表达上有许多差异。英语或诙谐幽默，或铿锵有力，但一般都喜欢简明扼要；汉语则喜欢采用四字短语、排比对偶，以词多造势，又喜欢罗列，内容多，以信息量大增强感染力。因此，在广告翻译的篇章翻译中，译者必须时时注意这些差异，特别是在汉译英中，必要的删繁就简可以避免使英语读者感到厌烦。

【例 39】

原文：我公司是一家产、经、销一条龙的集团性企业，产品主要销往美国、欧洲、中东等国家及地区。主要产品有高档工艺陶瓷制品、日用瓷、中温炻瓷、聚酯制品。我公司以"质量第一，顾客至上"的经营宗旨，集潮州工艺之精华，博采众家之长，独领风骚，深受国内外客户的好评，并已在世界上建立了良好的贸易关系网。竭诚欢迎各界同仁光临垂询，友好合作，共同发展世界陶瓷业。

译文：Our company is a group enterprise integrating production, distribution and sales, and our products are mainly sold to the United States, Europe, the Middle East and other countries and regions. Our main products are high-grade craft ceramic products, daily-use porcelain, medium temperature stoneware, polyester products. With the business tenet of "quality first, customer first", our company integrates the essence of Chaozhou technology, absorbs the strengths of other companies, and leads the way, which is well received by customers at home and abroad, and has established a good network of trade relations in the world. Inquires, orders and cooperation are sincerely welcome.

【讲解提示】

比较这则广告的原文和译文，我们发现最明显的不同就是原文中的部分信息在英译过程中被译者删去。第一段是比较具体的信息，译者基本照译。第二段中"集潮州工艺之精华，博采众家之长，独领风骚"只被译为"our commodities are of high quality"。原文中的最后一句也被删去了。这样的处理还是比较合理的，因为对源语读者来说，原文中"集潮州工艺之精华，博采众家之长"类似排比句，有造势的作用，然而对于目的语读者来说，这样的信息并非必不可少，将其直译为英文会使译文冗长，反而会削弱广告对读者的吸引力。"风骚"的意义应该到中国文化中去找，译者实际上是对此句进行了意译。原文中的最后一句"共同发展世界陶瓷业"是中国特色很浓的语句，如果用异化翻译法将它直接带到目的语中，可能会使目的语读者感到莫名其妙。这主要是由源语和目的语读者的不同文化背景造成的。中国人讲究的是"集体主义"，营造温情脉脉的社会是中国人的价值取向，而讲究"个人主义"的外国读者很可能会觉得在一则广告后面加上这样一句显得生硬造作。由于源语和目的语读者的思维方式不同，广告译者需要在把握原文的内容和风格之后，用目的语对原广告提供的信息进行重组，以迁就目的语读者的思维方式。

【例 40】

原文：在四川的西部，有一美妙去处。它背依岷山主峰雪宝顶，树木苍翠，花香袭人,鸟声婉转,流水潺潺。它就是松潘县的黄龙。

译文: One of Sichuan's finest spots is Huanglong (yellow dragon), which lies in Songpan County just beneath Xuebao, the main peak of the Minshan Mountain. It has lush green forests filled with fragrant flowers, bubbling streams and song birds.

【讲解提示】

这是一则旅游广告,译者对广告原文进行了重组,把在原文中放在最末的广告旅游点放到了最前面。中国人习惯在进入主题之前先有个引子;西方人则是直线思维,喜欢开门见山,直截了当。如果不使用归化法照顾目的语读者的思维习惯,不将原文进行重组而依旧把广告的旅游点放在最后,目的语读者可能会抓不住重点,分散了其注意力,势必削弱广告的效果。

七、课后翻译练习

1. 将下列段落翻译成汉语

(1) The global brings you the world in a single copy.

(2) Hide from risk and you hide from its rewards.

(3) Light as a breeze, soft as a cloud.

(4) Asia Times, your Asian insider.

(5) It's all within your reach.

(6) When you're sipping Lipton, you're sipping something special.

(7) Memories bright as a tropical bloom, fresh as a cool sea breeze, deep as the unhurried sea. This is the Sheraton Bal Harbour Resort. Time steps to a different measure here, just for the two of you. Palm bordered beaches gently kiss the water's edge. Sunset dance, nightlife sings under a star-filled sky; moonlight drips soft silver to tuck you in. This is the Sheraton Bal Harbour Resort, where the days hesitate to end, and the memories linger forever.

2. 将下列段落译成英语

(1) 冬天到了,是买寒衣的时候了。

(2) 三十年纺织品和服装出口经验。质量第一,信誉第一,友情第一。重合同,守信用,始终一贯。

(3) 要想皮肤好,早晚用大宝。

(4) 车到山前必有路,有路必有丰田车。

(5) 情系中国结,联通四海心。

(6) 好吃看得见。

(7) 农夫山泉有点甜。

【参考译文】

1. 将下列段落翻译成汉语

(1) 一册在手,纵览全球。

(2) 不入虎穴,焉得虎子。

(3) 轻飘飘如微风,软绵绵如彩云。

(4) 亚洲时报——令你亚洲万事通。

(5) 联络世界,触及未来。

(6) 饮立顿红茶,品独到风味。

(7) 记忆明丽有如热带的花卉,清新有如惬意的海风,深刻有如起伏的大海。为了你俩,时间此时放慢了脚步。棕榈树环绕的海滩亲吻着海水,夕阳在跳舞,夜之生灵在繁星下歌唱;银色的月光照耀着你俩。在这里,时光恋恋不舍,记忆永存——这就是喜来登海滨度假村。

2. 将下列段落翻译成英语

(1) With the winter coming in, it's time to buy warm clothes.

(2) Thirty years' experience of textiles and garment export. Quality the Best. Reputation and friendship the foremost. Always abide by contract and credibility.

(3) Dabao morning and night; it makes your skincare a real delight.

(4) Where there is a way, there is a Toyota.

(5) The Chinese knots, the united hearts.

(6) Visible delicious.

(7) Nongfu Spring, sweet to your heart.

第十三章 产品说明书翻译

一、产品说明书翻译概述

随着经济全球化的进一步发展,产品在不同国家间的流通越来越频繁,要在日益激烈的国际竞争中取得优势,对应的产品说明的翻译就显得格外重要。因为准确恰当的说明书翻译不仅担负着向消费者提供信息的作用,同时还要力争使消费者对产品产生足够的兴趣,并激励消费者进行消费行为,从而使厂商获得利润。因此,本章将会通过剖析产品说明书的语言特点,总结产品说明书翻译的基本原则,最后结合例句详细探讨如何准确地翻译产品说明书中的词汇、句法及语篇。

二、产品说明书的语言特点

(一) 词汇特点

说明书的翻译要求准确传达原文信息,避免各种不必要的失误和危险,所以在用词上也都要非常精准。产品说明书是一种非常专业的应用文体,一般都涉及很多专业领域,所以,说明书中会出现大量的专业词汇和术语。例如化妆品说明书中会出现"anti-wrinkle firmer"(抗皱紧致)、"dark spots"(暗斑)、"cleansing milk"(洗面奶)等词汇;汽车说明书中会出现"product accessories"(产品附件清单)、"mini U disk"(迷你U盘)等;电子产品说明书会出现"pedal wrench"(踏板扳手)、"bike grease"(自行车润滑剂)、"crank arms"(曲柄臂)等,诸如此类。

说明书文本中词汇的另一大特点就是经常使用缩略词。某些常用词使用频度较高或者空间有限时常用缩写,以用于表格、附图文字说明和技术参数中较多。往往在首次出现缩略词的完整形式后,后面全部用缩写指代这一概念。例如,"LCD"(液晶显示)、"AC"(交流电)、"DC"(直流电)、"PC"(个人电脑)、

"SSID"（网络名称）等。

另外，产品说明书主要是用于介绍产品和指导产品的使用，叙述客观，内容主要以介绍产品的性能、特点、成分、规格、使用方法、保养维护等为主。所以为了能够简洁又精确地陈述这些内容，说明书中会大量地使用名词、复合词等，名词化结构在说明书中也频频出现，在句子中起名词的作用。产品说明书中，常采用名词化结构来代替从句或动词，使句子结构变得简约、密集、凝练，同时风格上更加庄重。名词化的词以动作名词和动名词为主，例如"color-preserving"（防褪色的）、"most-loved"（最受喜爱的）。

（二）句法特点

产品说明书一般句式简练，多用简单句，句子通俗易懂。因为产品说明书一般用于解释、说明、规定和建议，用尽可能简短、准确、通俗易懂的文字传达丰富完整的信息，所以一般都不会有太长太繁杂的句子，追求的是言简意赅、通俗易懂，避免复杂冗长。例如"Remove the power supply from its packaging""The left and right cleats are the same"。

在科技文体中，往往大量使用无主句，因为科技文章所描述和讨论的是科学发现或科技事实，尽管科技活动系人类所为，但科技文章所报告的主要是这种科技的成果或自然规律，而不是报告这些结果或自然规律是由谁发现或完成的。[①]而且，产品说明书中运用无主句，更能拉近商家与消费者之间的距离，产生面对面直接交流的亲切感，令消费者心生愉悦。此外，产品说明书中还会出现大量祈使句和被动句。祈使句常用来表示强调、警告、命令等，在给予指示时直截了当，简洁有力。中文说明书中常用主动语态，而英文说明书则多用被动语态，弱化了动作执行者的主体地位，使文本更客观简洁，也更具普遍适用性。例如"Please check the insulation resistance carefully before energizing to prevent leakage""This pump is widely used in taking living water"。

（三）语篇特点

总体来说，产品说明书用词专业简洁、句法简单，便于顾客快速准确理解产品。同时语言要表述清晰到位，无含混模糊之处，有效传达产品信息。因此语篇上逻辑缜密，句子与句子之间、段落与段落之间应相互联系。

产品说明书主要是写给一般消费者看的，意在把事实清楚完整地呈现在消

---

① 陈新. 英汉文体翻译教程[M]. 北京：北京大学出版社，1999.

费者面前，因此具有注重事实、简洁易懂、尽可能接近读者的特点，而不能堆砌辞藻、夸夸其谈，给读者一种弄虚作假的感觉。因此从文体上看，说明书语言质朴，不像文学文体富于美学修辞手段和艺术色彩；从语气上看，说明书的语气通常较为官方正式，用语严谨规范、客观公允。

产品说明一般分为标题和正文两大部分。内容复杂的说明，可印成折子、书本等样式，可包括封面、目录、前言、正文和封底等部分。一般而言，产品说明书应具有说明指导性，介绍产品，同时指导消费；实事求是性，必须客观、准确地反映产品信息；形式多样性，其表达形式可以为文字，也可图文兼备，其目的都是令消费者对产品有一个直观清晰的认知。

三、产品说明书翻译的基本原则

（一）目的原则

根据翻译目的论可知，目的原则是指翻译应能在译入语情境和文化中，按译入语接受者期待的方式发生作用。翻译行为所要达到的目的决定整个翻译行为的过程，即结果决定方法。产品说明书是对产品的科学介绍和说明，因此要求用词准确恰当、科学客观，只有这样才能令使用者得到正确恰当的指导。同时，因为产品说明书是针对广大用户群体而编写的，语言文字也应当通俗易懂。

【例1】

原文：The wiring should be in good condition and core flex should not be exposed.

译文：这些配件必须完好无损，中心导体不得裸露。

【例2】

原文：When cancelling a print job from the driver, the Power light blinks briefly.

译文：从驱动程序中取消一个打印作业时，电源指示灯会暂时闪烁。

【例3】

原文：检查断路器有无损坏或任何其他有危害性的环境影响。若有此现象，应事先排除以恢复到断路器的正常工作条件。

译文：Check whether there is any damage to VCB or any other damaging surrounding effect. If it exists, remove firstly to restore to normal working condition of VCB.

【讲解提示】

以上这三个例子句子结构严谨,条理清晰,逻辑性非常强。在翻译的过程中基本上不需要做出大的变动,更不需要去挖掘其深层次的含义。译文符合说明书的文体特征,能够达到说明书准确传递信息的目的。

【例 4】

原文:It may be necessary by law, legal process, litigation, and/or requests from public and governmental authorities within or outside your country of residence for Apple to disclose your personal information.

译文:根据你居住国境内外的法律、法律程序、诉讼和/或公共机构和政府部门的要求,Apple 可能在必要时披露你的个人信息。

【讲解提示】

这个句子的基本句型是 It + be +adj. + for … to do…,在翻译过程中要将这句话的逻辑主语"Apple"作为译文的主语来处理,去掉形式主语"It"。"by"引导的状语结构按照汉语的逻辑顺序应该调整到句子的开始部分来翻译,实现译文精确、通俗的表达效果。

(二) 连贯性原则

此原则表明译文必须符合语内连贯(intra-textual coherence)的标准,即译文具有可读性和可接受性,能够使接受者理解并在译入语文化及使用译文的交际语境中有意义。产品说明是说明性的材料,它运用的语言应是纯粹的不加任何感情色彩的文字,除非有特殊要求,不然语言生动、辞藻华丽都是言过其实。翻译时,应注意与广告词区别对待,慎用描写、议论、夸张。

【例 5】

原文:将车辆停在平坦、坚实的地面上,紧紧拉上驻车制动器并将变速器设定在空挡。

译文:Park your car on the firm and flat ground, apply the parking brake tightly and set the transmission in the neutral position.

【讲解提示】

本例原文是轮胎泄气时,为了减少人员严重受伤的可能性,用千斤顶将车辆抬起时应该遵守的提示之一。本例中的句子都以动词开头,强调了施行该动作的重要性,"park""apply"和"set"动词开头的祈使句出现在一个句子中,既使得译文具有连贯性和逻辑性,也能使读者准确知道动作的先后顺序,读者很清楚地就能指导操作的进行,句式简洁,迎合了消费者的阅读需要。

第十三章 产品说明书翻译

【例6】

原文：

[适应证]

本品是对钙、微量元素、维生素 D 及维生素 C 的补充。

可用于防治钙、矿物质缺乏引起的各种疾病，尤适用于骨质疏松、儿童佝偻病、缺钙引起的神经痛和肌肉抽搐等。

可用作孕期、哺乳期妇女和儿童的钙和维生素 D_3 的补充。

译文：

INDICATIONS

It is a supplement of calcium, trace elements, Vitamin D and Vitamin C. It is indicated for the prevention and treatment of the diseases caused by deficiency of above mentioned minerals and vitamins. It is recommended in treating and preventing Osteoporosis and Rickets. It is effective in reducing neurological pain and spasm caused by lack of calcium. Pregnant women, nursing mothers and children may also use this product as a source of calcium and Vitamin D_3.

(三) 忠实性原则

除了符合语内连贯外，原文与译文之间应该存在语际连贯一致(inter-textual coherence)。原文忠实的程度和形式取决于译文的目的和译者对原文的理解。可以说，实用性是产品说明书的最大特点。由于消费者并非全是专业人士，往往对产品所属的领域并不十分了解，因此，产品说明书的翻译应尽量避免繁杂冗长，而应采用平实的语言、简洁的措辞，达到简洁、通俗、达意、易懂的效果。

【例7】

原文：Require the operator to be seated in the seat in order to engage the header drive.

译文：要求驾驶员坐在座椅上，以激活割台驱动功能。

【讲解提示】

本句在翻译时应明确句中表示要求命令的部分，一般是强调某种动作或事物，句中的"engage"如果翻译成"啮合"，对于读者来说就没有"激活"译法更直接和直观。译文应该形成对于受众来讲更能直观接受的词义，侧重于译文对读者的传达性。

【例 8】

原文：不得使用泄气轮胎继续驾驶车辆。即使是行驶一小段距离，也将导致轮胎损坏到不能修理的地步。

译文：Do not continue to drive the car with flat tire. Even a short drive will damage the tire permanently.

【讲解提示】

在机械、工业、药物等产品说明书中，有许多"注意"字样的单词，它的出现都是告诉读者下面出现的句子的信息是需要读者重视的，这也是科技文本中常见的现象。此例句以"不得"开头，起到强调的作用。英文中祈使句的否定形式都是以"Do not"开头的，后面直接加动词的原形，这和中文中的"不得"正好对应起来了。译者在翻译过程中，根据字面意思，直接采取了直译的翻译策略，使得目标文本语言也能达到和原文同样的效果，符合忠实原则。

四、产品说明书的词汇翻译

（一）专业术语

作为非文学文本之一的说明文，通常含有某一领域的大量术语。若想将说明文翻译得准确又严谨，就要先确保术语正确，如果指鹿为马，颠倒是非，连文本的中心词都不能理解，也就无法做好翻译。

【例 9】

原文：米狗智能行车记录仪具有语音控制人机交互等功能。

译文：MiGo intelligent drive recorder can realize man-recorder interaction via voice control.

【讲解提示】

此例句出自一篇行车记录仪的说明书。根据上下文，该处的"机"指代的是"行车记录仪"而非"电脑"，因而此处采用了"man-recorder interaction"的译法，更贴近文本内容。

【例 10】

原文：切勿在同一插座、变压器或插板上连接太多电器，以免电路负荷过重，造成火灾危险。

译文：To prevent circuit overload and fire, do not connect too many electrical appliances to a single socket outlet, adaptor or extension units.

【例 11】

原文：Check that all parts and accessories are present and free from transit damage.

译文：请确认所有零件及配件是否齐全，是否在运输途中受损。

【讲解提示】

以上两个例句中的"插座""变压器""插板""parts""accessories"均属于专业术语，翻译时应查阅字典及平行文本，确保准确和达意。

此外，在科技文中，很大一部分属于专业术语的英语词汇都是源于普通词汇的特殊含义。这些词汇本来就存在于普通英语中，只是含义有区别，因此普通英语中常见的词汇在英文产品说明书中常常变成具有特殊含义和惯用法的专业术语词汇。这些词汇通常是常用词汇，所以在翻译的过程中要避免望文生义，而要准确理解该词汇在具体领域和上下文中的意思。

【例 12】

原文：This substance has a powerful effect on poor health and poor appetite.

译文：此物会产生身体虚弱及食欲不振的副作用。

【讲解提示】

"poor"的含义比较多，通常可译为"贫穷的""智力低的"，而在此句中"poor health"和"poor appetite"则分别译为"身体虚弱"和"食欲不振"。

【例 13】

原文：A bus that connects major computer components is called "s" system bus.

译文：将计算机主要部件连接起来的是"s"系统总线。

【例 14】

原文：Use your mouse to drag the pictures to their new size.

译文：用鼠标拖动图片，将其调整为新的尺寸。

【讲解提示】

以上两个例句中的"bus"和"mouse"本身的意思是"公共汽车"和"老鼠"，但在计算机英语中，翻译计算机程序包等相关说明时，就要将其专业术语翻为"总线"和"鼠标"。

（二）缩略词

在科技类文本中，缩略词的运用极为普遍。缩略词不仅能缩短篇幅，还有助于读者理解文本,使文本更统一规范。在英译过程中巧妙运用缩略语,能使译文更标准专业。在翻译实践过程中,可以对缩略词进行一定程度的巧妙运用。

【例 15】

原文:在收音状态,可实现调频调幅收音、自动搜台、自动存储、手动存储、波段转换及相应的音量音效调节。

译文: In radio mode, FM/AM reception, automatic channel search, automatic storage and manual storage, band switch and adjustment of volume and sound effect are available.

【讲解提示】

以上文本出自海外收音机产品说明书,中文的"调频调幅"字眼对于普通消费者而言想必并不熟悉。调频与调幅,也就是我们日常收听电台节目时所说的 FM(Frequency Modulation)与 AM(Amplitude Modulation)。对于不具备专业背景知识的普通消费者而言,FM/AM 比 Frequency Modulation、Amplitude Modulation 这种专业术语更通俗易懂,因而缩略语的使用起到了极大的简化作用。同样,对于中国消费者而言,在无法理解"调频调幅"含义的情况下,亦可借助英文译本中的 FM/AM 字样进行理解。这样不仅免去了消费者自行查找理解中文术语的时间,更有利于他们快速理解文本内容。

(三) 复合词

与汉语不同,英语中为表达准确且凝练,常用到大量名词和动名词。复合词的翻译一般以其词素中的名词为核心展开。

【例 16】

原文:产品因意外损坏、擅自修理、不适当存放等,而导致机件故障,均不包括在本保修卡的保修范围内。

译文: This warranty is void if the product has been damaged by accident, mishandling and improper safe keeping or otherwise.

【讲解提示】

例句中的动词短语"意外损坏、擅自修理、不适当存放"均译为复合名词,使句子结构更加合理。

【例 17】

原文: Ocean Gifts range of products includes effective and handy masks, that is, practical, light fabric veils to be placed on the skin, which release all their benefits after a few minutes. If used once a week, they are ideal to guarantee a deeply moisturized and young-looking skin.

译文:"海洋馈赠"系列产品的面膜效果明显、使用方便,面膜纸轻薄透气,能在短短几分钟内释放其功效。每周使用一次,就能很好地对肌肤进行深层保湿,使肌肤尽显年轻态。

【讲解提示】

例句中"young-looking"是一个复合形容词,译文将其灵活转换为动词"尽显年轻态"。

【例 18】

原文: The heater/evaporator/blower assembly is located under the cab floorboard and is accessible from beneath the windrower tractor.

译文:暖风/散热器/风机总成位于驾驶座椅下以便工作人员检查和清洁内部。

【讲解提示】

例句中的"floorboard"和"windrower"均是复合词。

五、产品说明书的句式翻译

(一) 无主句

由于英文说明书表述的都是客观事实,它主要是为了介绍或者说明这些事实本身,而不是为了突出强调这些事实是由哪些人或者组织发现和研究出来的,因而英文说明书中多采用无人称句,而很少使用人称句。对于翻译文本中出现的无主句,可采用祈使句、被动句及增添主语的译法。祈使句在英语中用来表示请求、劝告、建议等,一般比较简短,而且表达的意思明确,既能让顾客明白说明书的意思,又比较容易接受所提供的建议;而被动句的使用,也同样能够弱化动作的实施者,显得更为客观,也更具普遍适用性;此外也可根据句意增添主语或使用"it"作为主语。

【例 19】

原文:在日常使用过程中,应保持环境干燥。

译文:During daily usage, keep it in a dry environment.

【例 20】

原文:请避免磕碰 U 盘,防止造成功能失常,同时给您带来不必要的伤害。

译文:Please avoid knocking against the U disk, in case of any malfunction or unnecessary harm to you.

【例 21】

原文：切勿将 iPod shuffle 连接到键盘上的 USB 端口进行充电。

译文：Don't connect iPod shuffle to a USB port on your keyboard for charging.

【讲解提示】

以上例句均为无主句的祈使句译法。祈使句的运用强调了语句中的关键信息，弱化了主语，使句子言简意赅、通俗易懂，实际上也实现了中英文文本的句式对等。此处，根据不同语境及语气，采用了 please、do not 等祈使句型。

【例 22】

原文：产品可根据用户需要采用柜式、立架式、卧式、地面摆放及与其他电源柜内置式使用等各种形式。

译文：The product can be installed in several types, such as cabinet vertical racks, horizontal racks, ground placement, and installed with other kinds of power supply cabinet according to the users requirements.

【例 23】

原文：U 盘或 SD 卡内除 MP3 音频文件外不应有其他文件，设备内有其他文件时会造成机器无法正常播放。

译文：There should only be MP3 files in the U disk or SD card, or the receiver will not work well.

【例 24】

原文：机器驾驶员座椅及培训员座椅上均配有安全带。

译文：The windrower tractor is equipped with a seat belt on the operator's and trainer's seat.

【讲解提示】

以上三个例句表明了在翻译说明书中的无主句时，可根据句意找出适合做主语的词，并使用被动式使句子通顺完整。

【例 25】

原文：疏松柔软，甜而不腻，入口即溶。

译文：It tastes soft and delicious with agreeable sweetness, bringing you happiness from mouth to heart.

【讲解提示】

这是一则萨其马食品的介绍，通过一系列的四字词语点明了其口感、味道，但并未给出主语。从上下文可知主语应是食品萨其马,又为避免赘述,可用"it"做主语。

【例26】

原文：洁净肌肤后易在皮肤表层形成水润保护膜,让肌肤畅享莹润水嫩、青春活力。

译文：It can develop a protective moist film on the skin surface after cleaning, and prevent the loss of moisture so that the skin enjoys shiny and supple feel and youthful vitality.

【讲解提示】

英语属于主语突出型语言,主语为实现句法完整而服务。因此,翻译过程中要注意主语的确定,有些情况下考虑到句式结构或者主语的不确定性,需要引入形式主语"it",从而保证英文语法结构的完整。

(二) 被动句

在英文产品说明书中,被动句的使用非常普遍。这种句法结构使得说明书表述结构严谨、通俗易懂。被动语态具有不指明动作的施动者、强调事件本身的过程以及使句子结构紧凑的特点。被动句可以增强说服力,同时还可以起到强化指示操作的效果。在一些产品的英文使用说明书中,被动句的使用方法是整个句子的重点。为了很好地达到介绍国外先进的科学技术这一目的,科技英语特别注重客观,追求准确严密。因而科技英语类文章广泛使用被动语态,这样就避免了主动语态的句子富有主观性带来的弊端。

【例27】

原文：If the seat switch is open for more than 5 seconds and the seat switch is closed again, it requires the operator to move the header engage switch to "OFF" position and back to the "ON" position again to restart the header.

译文：如果座椅开关开启超过5秒钟并且再次关闭,说明系统要求驾驶员将割台操作开关置于"OFF"位置然后再置于"ON"位置以重新启动割台功能。

【例28】

原文：The steering column can be adjusted to suit each particular operator and for easier entry to and exit from the seat.

译文：方向盘角度可以进行调整以适应不同体征的驾驶员,从而更方便地入座或起身。

【讲解提示】

汉语并不习惯使用大量被动句,因此翻译时可将其转换为主动形式,可让消费者更清晰地了解产品具体功能,迎合了客户心理。

(三) 祈使句

【例 29】

原文:启动之前(1)关闭所有不需要的灯和附属设备。(2)将换挡杆设定在空挡。(3)将离合踏板踩到底并保持住直到车辆起动。

译文:Before starting (1) Turn off all unnecessary lights and auxiliary devices. (2) Set the shift bar at the neutral gear. (3) Press the clutch pedal to the bottom and do not release it until the vehicle is started.

【讲解提示】

本例中这一段话包含了三个祈使句。这些祈使句都是关于汽车发动机启动之前驾驶员的操作步骤。"turn off""set"和"press"三个动词开头,直截了当地给文本的受众以指示,使得读者很清楚地了解自己在启动发动机之前需要做的事情。祈使句的使用,省略了句子的主语,减少了文本主观性,显得更客观。

【例 30】

原文:Operate iPod in a place where the temperature is always between 0 ℃ and 35 ℃.

译文:须在温度为 0—35 摄氏度之间的场所使用 iPod。

【例 31】

原文:Remove the AC supply lead before servicing or cleaning heads.

译文:切断交流电源才能维修,清洗磁头、压轴等部件。

【例 32】

原文:To interrupt recording, press pause.

译文:如果要停止录音,请按 pause 键。

【讲解提示】

以上句子均为祈使句,用于引起读者的注意,体现"指示,叮嘱"的寓意,可发挥言语的"命令,告诫"功能。

六、产品说明书的篇章翻译

语篇之所以成为语篇,即具有篇章性,是因为语篇中各个句子之间有某种联系,这就是语篇的衔接。译者在翻译过程中必须细细品味、仔细推敲,发现逻辑联系并在译文中一一体现。针对这种隐形的衔接成分,译者要深入分析,提高译文的精确度。翻译产品说明书时,同样要注意英汉两种语言在篇章衔接上的不同,不可照搬某一语言的衔接方式,导致译文虽然逻辑清楚但是语言质量不高,不符合该语言的语篇衔接方式。

【例 33】

原文:Be aware that accidents often happen when the operator is tired or in a hurry to get finished. The windrower is ready for normal operation. However, there are several items to check and watch out for during the first 150 hours.

译文:注意:当驾驶员疲劳操作或急于收工的时候常常发生事故。机器可以正常操作使用。但是有一些部件是需要在首次操作 150 小时内检查的。

改译:注意:很多事故是由于驾驶员疲劳操作或急于收工造成的。机器可以正常操作使用,有一些部件是需要在首次操作 150 小时内检查的。

【讲解提示】

对比原译文和修改译文可以看出,原译文照搬了原文的连接词进行翻译。"when"翻译成了"当……的时候","however"翻译成了"但是"。这样的译文虽然读者也可以理解,但是明显不符合汉语重"意合"的表达习惯,读起来有一种生硬地将连接词塞进句子的感觉。修改译文摆脱了原文的连接词,将其翻译为"由于",这样的表达方式明显更符合汉语的表达习惯。"when"这一句的原译文翻译成了"当"。在英译汉中,一个常见问题就是逢"when"必译为"当……的时候"。这样的表达有些过于口语化,不符合说明书翻译的要求。修改译文跳出了原文的模式,将"when"翻译为"由于",更加符合此处的语境。在"however"这一句中,原译文将"however"译为"但是"。"但是"表达的是转折关系,是大的反差关系,而这一句并没有强调反差的意思。因此,"however"没有必要译出。

【例 34】

原文:绿茶精华成分蕴含充足水分及清凉洁净成分,有效清洁肌肤污垢、老化死皮,同时充分滋润柔软肌肤,调理肌肤并加强皮脂膜天然屏障能力,有效锁住水分、营养,缓解干燥、脱皮、瘙痒等肌肤缺水状况,防止肌肤粗糙、起皱、老化现象,让肌肤畅享全天候的水分滋润,清莹通透。

译文:The Jan Marini Bioglycolic Bioclear is an anti-aging cream that helps you to prevent the signs of aging and skin blemishes. This Jan Marini cream contains glycolic acid, and azelaic acid that helps in reducing adult acne, acne scarring, inflammation, discoloration, and texture changes. The Jan Marini Bioglycolic Bioclear gently exfoliates your skin, making it smoother, clearer, and younger-looking.

【讲解提示】

英语中，叙述上讲究开门见山、层次分明。中文说明书先将各类成分效果分述，最后得出总体结论；英文说明书则在语段开头用相应主题句对产品功效性能作出概要描述，然后对主题句层层深入、展开分述。因此译者在翻译过程中要宏观把握语篇，遵循英语国家人士先整体、后局部的思维接受方式。

七、课后翻译练习

1. 将下列段落翻译成汉语

(1) Echinacea extract fights infection and acts as an effective antiseptic and immune system booster. Echinacea extract from fresh plants also enables the active ingredients to work with maximum efficiency.

(2) Please check and cut off the power when the pump breaks down.

(3) The exterior of the box functions as a cooling surface that takes heat from the unit inside to the cooler air outside.

(4) Use them both in the morning and evening, your face will get anti-oxidant effects to fight free radicals and give your skin new firmness and elasticity.

(5) The preset stations and time are retained for about 2.5 hours after the battery is removed.

(6) This product is not intended for use by small children and should be kept away from children under 3 years of age.

(7) Warning:
Do not bend or scratch SIM card;
Do not expose SIM card to static electricity, dust or water;
Please contact the network operator for help if SIM is lost.
Turn off your phone before inserting SIM card.

2. 将下列段落译成英语

(1) 紫色指示灯闪动：正在充电中，充满电量后停止闪动。

(2) 适用于输送介质为常温、干净、无腐蚀性、不含固体颗粒或纤维的液体。

（3）本公司生产的真空断路器具有结构简单和耐用的特点，因此具有很长的使用寿命。

（4）此类夹克价格公道，工艺精湛，设计独特。

（5）应当注意食品的保质期。

（6）储物柜

存

① 请按"存"键。

② 取密码纸，自动开箱。

③ 存入物品，关好箱门。

取

① 将密码纸靠近读码口自动开箱。

② 取物后，请关好箱门。

（7）在经济全球化时代，公司坚持"国际化、科技化、产业化"发展战略，大力开展制度创新、科技创新和管理创新，为全球用户提供高性能、智能化、节能型的电器产品与技术服务，致力于成为世界一流的全面系统解决方案的电气供应商。

【参考译文】

1. 将下列段落翻译成汉语

（1）紫锥菊萃取物可抗感染、有效杀菌、提高免疫力。紫锥菊萃取物是从新鲜植物中提取而来，可最有效地发挥其活性成分。

（2）电泵无论发生任何故障都必须先切断电源，然后检修。

（3）机壳将设备内部的热量传导给外部的冷空气，起到散热的作用。

（4）早晚使用，可产生抗氧化效果，抵抗自由基，肌肤重现紧致、弹性。

（5）即使除去电池，原来设定的电台及系统时间还可保存 2.5 小时。

（6）该产品原本并非为幼儿专门设计，应远离放置以避免三岁以下孩童使用。

（7）警告：

不要弯曲或划伤 SIM 卡；

不要让 SIM 卡接触静电、灰尘或水；

若 SIM 卡丢失，请立即与您的网络运营商联系。

在安装 SIM 卡前，请先关闭您的手机。

2. 将下列段落翻译成英语

(1) Twinkle of purple indicator light: under charging; no twinkle after

fully charged.

(2) It is suitable to convey room-temperature, clean, non-corrosive mediums without solid particles or fibers.

(3) Vacuum circuit breaker, manufactured by our company, is of simple structure, durable, and with long endurance.

(4) These jackets are moderately priced, of excellent craftsmanship and unique in design.

(5) Attention must be paid to the shelf life of the food.

(6) Public locker

To use

① Press the "deposit" key.

② Take the barcode ticket that rolls out and the door opens.

③ Place articles inside and close the door.

To remove

① Place barcode against the scanner and the door opens.

② Remove the contents and close the door.

(7) CNC is consistently committed to developing itself into a world-class electric supplier of integrated system solutions in this era of economic globalization. By adhering to the development strategy of "Internationalization, High-Technology and Industrialization", the company has persistently devoted itself to the innovation measures in corporate system, technology, and management with a vision of offering global customers with high-performance, intelligent and energy-saving electric products, technologies and services.